茂木久美子

人の5倍売る技術

講談社+α新書

はじめに――物を売るための「七つの技術」

皆さんの多くが、新幹線に乗車した際、ワゴン販売を利用したことがあるでしょう。

「お弁当に冷たいお飲み物、お土産《みやげ》はいかがでございますか」

このようなかけ声とともに新幹線を回る、あのワゴン販売です。そして私は、一九九八年から山形新幹線でワゴン販売員として乗務してきました。

山形新幹線は、東京―新庄《しんじょう》間を約三時間半で結ぶ新幹線です。福島からは在来線と同じ線路を利用しているため、車体が通常の新幹線より小型。そのため「ミニ新幹線」と呼ばれ親しまれています。たとえば300系の新幹線が一三〇〇名ほどの定員なのに対し、山形新幹線は約四〇〇名。車両も七両しかない小さな新幹線です。

ワゴン販売という仕事は、先ほどのかけ声のように、お弁当や冷たい飲み物、ホットコーヒー、アルコール類、おつまみ、お菓子、おもちゃ、お土産、アイスクリーム、そして限定のお土産類といった商品を、お客さまにご提供するサービスです。

よく、「ワゴンの中身はどの販売員のものも同じなんでしょう」と聞かれることがありますが、実は、その日によってどういった商品をどれぐらい積み込むかは、販売員の裁量に任されている。詳しいことは本文に譲《ゆず》りますが、この商品の積み込み如何《いかん》によって、売り上げは大きく変わってくるのです。

また、商品の販売だけでなく、新幹線車内のご案内や、出発・到着時間のご案内、急病人が出た際の対応などさまざまな業務があり、とてもやりがいのある仕事だと私は考えています。

ところで、新幹線（とりわけ山形新幹線）のワゴン販売という仕事は、とても制約の多いものです。約三時間半でお客さまは四〇〇名ほど、商品も一度新幹線に積み込んでしまえば、入れ替えはできなくなる。

さらに、商品の価格はキヨスクやコンビニエンスストア、スーパーマーケットなどよりも割高に設定されており、もちろん販売員が値引きすることはできません。ですから、お客さまのなかには乗車される前に飲み物やお弁当を買われる方も多く、ご乗車のお客さまがすべて販売対象になるわけではないのです。これだけ厳しい条件下での販売というのは、他の販売業に比べても珍しいかもしれません。誰一人として、車内販売の商品が欲しくてご乗車されるお客さまはいないのですから。

私は、このように制約の多いワゴン販売という仕事で、一日一往復半で五〇万円以上を売り上げた実績をもっています。ワゴン販売員の平均売り上げはだいたい一往復で七万円ほどなので、一往復半に換算すると、他の販売員の約四・八倍を売り上げたことになります。ちなみに、五〇万円というのは、東京都内のコンビニエンスストアにおける一日の平均売り上げと同等だといいます。

この記録を作ったのは、二〇〇六年のゴールデンウィークのことでした。ゴールデンウィークというと、さぞかしたくさん売れるだろうと考える方もいるかもしれません。

しかし、乗車率が一〇〇パーセントを超えて、立っているお客さまが多くなりすぎると、ワゴンが通路を通ることができなくなり、手持ちでの販売をしなければならないこともあるのです。そのため、場合によっては通常より売り上げが落ちることもあります。

この日は満席のなかに立っているお客さまが少しいらっしゃる程度の乗車率。車内は家族連れの旅行客や団体客などでごった返し、お弁当も飲み物も飛ぶように売れていったことを今でも憶《おぼ》えています。また、同日のほかの列車（山形新幹線は一つの列車に販売員は一名です）の売り上げもそこそこ良かったようですが、一日五〇万円というのは、前例がない記録的な数字でした。

この五〇万円という記録は特別なものですが、これまで私は、ほかの販売員に比べて約三倍の売り上げをあげ続けてきました。

こういった実績から、一三〇〇人の販売員のなかで三人しかいないチーフインストラクターという役職を最年少の二五歳でいただき、現在は新人や後輩の育成にも努めています。また、テレビやラジオ、新聞、雑誌などで取り上げていただく機会もあり、日本全国で年間約一五〇回ほどの講演をさせていただくようにもなりました。

ところで、どれほど優れた技術を用いて、どれほど優れた商品を作ったとしても、ビジネスの締めくくりは「物を売る」ということにほかなりません。そして、「物を売る技術」が劣っているようでは、すべてが台無しになりかねません。

価格や商品の種類といった点で、他業者とは差別化できず制約が多い新幹線のワゴン販売において、いかにして私が他の販売員の数倍の売り上げを出してきたのか——。

本書では、私の仕事に対する考え方、テクニック等を通して、あらゆる業種、職種のビジネスパーソンが活用できる、物を売るための「七つの技術」をご紹介していきます。そして、それを理解していただくことで、皆さんのビジネスの成績が向上すると確信しています。

第一章では、「お客さまに物を売る」ということへの考え方、私らしさのあるビジネスマインドについて紹介しています。

第二章では、お客さまへの声のかけ方、会話術など、トークテクニックについて。限られた空間で、いかにしてお客さまの気持ちをこちらへ向かわせるかについて触れています。

第三章は、一人ひとりのお客さまに合った接客術についてです。誰に対しても同じ接客では、お客さまの心をつかむことはできません。どのようにして個々のお客さまへのおもてなしを考えるかについてご紹介します。

第四章のテーマは効率化。時間、空間などが限られた販売シーンで、いかに効率良く実績を上げていくことができるかは、多くの仕事においても共通の課題だと思います。

第五章では、常連のお客さまの作り方、つき合い方についてです。ワゴン販売で常連さんというと意外に思われる方もいるかもしれませんが、いつも私を見守っているお客さまがいらっしゃるのです。

第六章のテーマは人材育成です。ここでは後輩や部下を育てることのみならず、自分自身を育てることについても触れてあります。

そして、第七章では前向きに仕事へ向かうための心の作り方、私の習慣などについて述べています。

このように、基本はあくまで私自身の販売術です。しかし、営業、販売、製造に限らず、あらゆる職業には、仕事の先に必ず「お客さま」がいるもの。私はすべての仕事が「サービス業」だと思っています。そして、物を売る心構えや技術は、どのような仕事をしていても、大きな役割を果たします。

「物が売れない」「消費者の財布の紐が固くなっている」といわれて久しい昨今。しかし、工夫さえすれば、物は売れるのです。

仕事に邁進《まいしん》するビジネスパーソンの皆様に、本書を足がかりにして、「売る技術」をつかんでいただければ幸いです。

目次◉人の5倍売る技術

第一章　営業マインド——物ではなくストーリーを売る

お客さまを驚かせた「凄いもの」

新幹線に乗務していた、ある日のこと。一周目に回ったときに、コーヒーを買ってくださったお客さまがいらっしゃいました。そのときは、どうということもなくご利用いただき、「ありがとうございます」とワゴンを進めていきました。

もちろん、その際の言葉遣いや接客態度などは、マニュアル通りの完璧な対応ができたと思っています。しかし、何でもない普通の受け答えで終わってしまったことが、気になっていました。

そこで、二周目にその方の前を通ったとき、私は声をおかけしてこのようなお話をしたのです。

「お客さま、実はね、もう間もなくすると、外に凄いものが見られるんですよ」

「え？　何々？　凄いものって？」

「(山形弁で) そっちのほう見ててけらっしゃい。いや、あんまり期待しないで見てほしいんだけどなー。実は……そこうちの畑なんですよ。今！　今その畑に赤い帽子をかぶった人いたべ。あれ、うちのお父さん！」

「え……？」

「いやー、いいタイミングで、お客さまにうちの畑とお父さん紹介できてよかったたっけずー」

こんな話を唐突にすると、最初はポカーンとしていたお客さまも、途端に大爆笑。そこで、私は続けてこんな話をするのです。

「(山形弁で)実はね、うちのお父さんが赤い帽子をかぶっているのには、理由があるんだず。山形新幹線って、在来線区間を走っているから、ここを通るときはちょっとだけスピードが落ちるの。お父さんいつも一人で畑仕事してるから、もし突然倒れても気づく人が周りにいねえんだ。だから、もし新幹線から見ていてお父さんが倒れていたら、すぐに救急車呼んでっていわれてるんだべした」

こんな親子の連携プレーの話に、お客さまはゲラゲラ笑いながら驚いてくれます。そこで私はちょっとかしこまって、このようなお願いをします。

「お客さま、もしまた山形新幹線に乗ることがありましたら、どうかうちの父を見ていただいて、もし赤い帽子の人が倒れているのが見えましたら、救急車でも警察でも構いません。列車のなかからご一報いただけないでしょうか」

先ほどの山形訛《なま》りから一転、まじめな顔でこのようなことをいうので、さらに盛り上がり喜んでいただけます。

このお客さまとの会話は、コーヒーを買っていただいたあとのことです。しかし、私はこのお話をすることで「もっと商品を買ってもらおう」とはまったく考えていません。私の気持ちは、

「せっかくコーヒーを買っていただいたのに、さっきは忙しくて何もしてあげることができなかった。もうちょっとお客さまに何かをしてあげたい」

というもの。もちろんお話しする内容も、商品をおすすめしたり説明したりするものではまったくありません。

こういった話をすると、お客さまは少しでも楽しんでくれるのではないだろうか、笑って「新幹線のなかで面白い話が聞けた」と、良い思い出にしてくれるのではないだろうかという想いから、声をおかけしたのです。

大切にしたい「おまけ」とは

私は新幹線の販売員という「物を売る」仕事をしていますが、いつも「プラスアルファ」の何かを、お客さまにご提供できればという気持ちをもって働いています。

たとえば、車内販売でも一番の人気商品ホットコーヒー。

「コーヒーください」

「はい、かしこまりました。どうぞ、熱いのでお気をつけください」

　こういった、通常のやりとりのなかに、ちょっと一言つけ加えるだけで、相手の気持ちは大きく変化するものです。

「はい、かしこまりました。淹《い》れたてのコーヒーでございます。お客さま、新幹線では車内でコーヒーを淹れているんですよ。出来たてで熱いので、お気をつけください」

　もし自分が新幹線に乗っていて、ワゴンサービスでこういわれたらどう思うでしょうか。きっと、「へえ、インスタントじゃないんだ。淹れたてならおいしいだろう。ちょっと得した気分だな」「えっ、新幹線のなかでコーヒーを淹れられるの？　そんなこと知らなかったな」と喜びや驚きを感じるのではないでしょうか。私は、こういった「お客さまに何か一つ感じてもらう」ことをいつも大切にしています。

コーヒーをお渡しするときにも「おまけ」の一言が大切になる

　世の中にはいろいろな販売や営業の仕事があり、たくさんの人が「物を売る」仕事をしています。そんななかで、売っている物の価格を自由に決めることができる、あるいは好きなように値引きをできる立場にある人は、そうそういないのではないでしょうか。だからといって、

「ほかの店と同じ物を売るのだから、安くするか何かおまけをつけてあげなきゃ、お客さまは喜ばないだろう。しかし、自分にはそんな権限もないし、たくさん売るなんて無理だ」

というようにあきらめてしまっては、販売員としての成長は望めません。私たちワゴン販売員の仕事も、値引きはもちろんできませんし、コンビニエンスストアやスーパーマーケットと比べても少し割高な価格設定になっています。これは確かに「物を売る」観点からすると、大きなハンデになるかもしれません。

しかし、無料でご提供できる楽しい会話や思い出は、ときとしてお金や物よりお客さまの気持ちを満足させることができる。心を込めた「おまけ」は、現場で働く販売員にも提供することができるのです。

厳しい言い方をすれば、ただ物を売るだけなら誰でもできる。極端に考えれば、私たちの仕事など自動販売機でも代用できるのです。しかし、私たち人間だからこそできるサービスというものがあり、そこにこそ売り上げをアップさせる秘密が隠されているのではないでしょうか。

先ほど説明した「父と畑」のお客さまとのやり取りも、決して売り上げアップが目的では

ありません。ですが、このような会話をすると、その方は私のことを「ただの販売員さん」から「山形弁のおもしろいおねえちゃん」と認識するようになります。お客さまにとって顔のない自動販売機だったのが、顔があり心のある人間の販売員に変身するのです。

こういったことで、お客さまの心はぐっと私に近くなります。無関心や警戒心がなくなり、三周目以降も声をかけていただくことが格段に多くなります。ひいては、もっと何かを買おうと、ワゴンサービスをご利用してくださり、売り上げにつながることもしばしばです。

ですが何よりも重要なのは、お客さまがこちらを向いてくれた、興味をもってくれたということ。ちょっとした会話から生まれる楽しい思い出や、お客さまにとってプラスになる新しい情報、つまり「ストーリー」を、私は商品とともにご提供しているのです。

このように、「売る→買う」という一方通行ではなく、相互的に意識を向けるということが、お客さまとの「出会い」になるのだと思います。

売り上げ向上の根っ子にあるのは

この仕事をするようになり、社内でも売り上げがナンバーワンになった最初の頃は、なぜ自分がこんなに売り上げられるのか、私自身、分かっていませんでした。

新人の頃から、新幹線に乗ることが楽しくて楽しくて、毎日いろいろな人に出会えることが嬉しくて……。いまも昔も、毎日、職場の上司に乗務のあと、

「今日はこんなお客さまがいてね！　こんなことがあってね……」

と、その日あったことをいろいろと話すことが日課となっています。それほど、私にとって新幹線の販売員の仕事は楽しくて仕方がないのです。

「お客さまに喜んでもらいたい。プラスアルファの何かも提供したい」

この気持ちは、こういった仕事の楽しさから自然と生まれたものでした。そして、その気持ちが売り上げに関係しているということを、私はあまり意識していませんでした。

ところが、いろいろなところから講演会に呼んでいただいたり、新聞やテレビなどで取り上げていただくことが多くなると、「どうして茂木《もき》さんは、そんなに高い売り上げをあげられるの？」とよく質問されるようになりました。

講演会に来てくださる方には、経営者や管理職の方も多くいらっしゃいます。やはりそういった方々は、なぜ私がほかの人より売り上げをあげられるのか、その部分を一番知りたいのでしょう。

また、チーフインストラクターという、後輩を指導する立場にいる以上、自分でも「何となく売れる」ではいけないという思いもあります。そこで、自分なりに分析してみることに

しました。

後の章でも取り上げますが、ワゴンのバック販売や釣り銭を早く返す技術など、テクニックも売り上げに大きくかかわっていることでしょう。ですが、それは根本にある気持ちが具体的な行動として出ただけのことでしかありません。

ですから売り上げの向上は、すべて「お客さまを喜ばせたい。本当に買って良かったと思っていただきたい」という気持ちに集約できるのではないでしょうか。たとえ業種は変わっても、すべてのビジネスパーソンにとって共通する大切なことは、この気持ちなのではないかと思っています。

お客さまをあえて「悩ませる」と

ところで、洋服などを買ったときに、「販売員に強くすすめられて買ったはいいが、家に帰ってもう一回商品を見ると、そんなに欲しい物ではなかった」という経験をされたことはないでしょうか。

そのときに、買うと決めた自分の判断もあったとはいえ、「口車に乗せられた」ような気持ちになる……このようなことは、誰にでも、もちろん私にもあります。

販売員の側からしてみれば、「良い商品を売って売り上げもアップした。良かった！」となるかもしれませんし、一時的にでも売り上げはあがるでしょう。しかし、本当に欲しい物ではないものを買ってしまい、結果として良い思いをしなかったほうとしては、二度とそのお店を訪ねることはないかもしれません。

私の場合は、たとえば次のように、お客さまをあえて「悩ませる」ということをよくします。

山形から東京へ帰られる方に「お土産《みやげ》が欲しいんだけど」とお声をかけられた場合。まずは山形名物のお菓子をいくつかご紹介します。

「はい、こちらミルクケーキやふうき豆、ラスクもあります」

「じゃあ、このふうき豆をください」

普通であればここでお買い上げ……となりますが、私はあえてこういうのです。

「お客さま、本当にふうき豆でよろしいですか？」

こう問いかけると、お客さまは「え？」とびっくりされます。こちらからおすすめしておいて、「本当にいいんですか？」と聞くのですから、驚かれるのも当然でしょう。では、なぜこのようなことをいうのか、それは、私自身、おすすめしておいて、このお客さまにとってこれが一番いいのだろうかと悩んでしまうからです。そこで、次にこの一言を。

「お土産は、どういった方に持って行かれるんですか？」

どこに持って行くか教えてもらえれば、どのお菓子が一番いいかを考える参考になります。

「会社に持って行くんです」とおっしゃれば、「ふうき豆は個別包装されていなくて、スプーンですくって食べるものなので、こちらの小分けになっているミルクケーキのほうがいいかもしれません」とお伝えします。また、若い家族へのお土産でしたら洒落《しゃれ》た洋菓子のラスク、お年寄りにならば硬いラスクやミルクケーキより、柔らかいふうき豆。

このように、あえてお客さまに再度選択肢を提示して一緒に悩む。このことで、本当に納得して「買って良かった」と思っていただけるのです。

また、こうして悩みを共有することで、お客さまに「一緒に考えてくれた」という喜びと安心を感じていただけます。

たとえば、道に迷って人に聞いたとき、声をかけた人が一生懸命、一緒になって探してくれると嬉しく感じることでしょう。結果として行き方が分からなくても、一緒に探して悩んでくれたということで「いい人だったな」と良い思い出になる。

ですから、お客さまが悩んだ結果、「やっぱりいいのがなかったから、やめておくね」となっても、それでいっこうに構わないのです。

納得のいかないもの、適切でないものをご提供しても、あとに残るのは、ただ「失敗した」という思い出だけ。それならば、「あの販売員さんは一緒にいろいろ悩んでくれた。商品の説明も一生懸命してくれたな」と良い思い出をもって帰っていただくほうが、何倍も価値があるのです。

また、そのときに買っていただけなくても、新幹線ではこんなお土産が売られているということだけでも知ってもらえます。すると、後々の売り上げにつながっていく可能性もあります。

私は、このように一緒に悩むときでも、「どちらにしますか？」とただ待っているのではなく、商品のご説明をしたり、面白おかしくお話しすることで、お客さまの気持ちを和ませるようにしています。

また、新幹線ではアイスクリームの販売をしているのですが、お客さまからお声がかかったとき、こんなやり取りをしたことを憶えています。

「すみません、アイスクリームください」

「はい、ありがとうございます。こちら普通のバニラアイスと、車内限定のコーンポタージュアイスというのもあるんですよ」

「えっ、そんな味があるんだ？　うーん、どうしようかな」

「お客さま、普通にいきたいんでしたらバニラですけど、やっぱり挑戦者はこっちだと思うなー。本当にコーンポタージュの味がするんですよ。結構人気もあって。どっちにしますかお客さま。ファイナル・アンサー？」

「よし！ じゃあコーンポタージュのほうでいきます。ファイナル・アンサー！」

こんなやり取りでお客さまと盛り上がり、次に回ってきたときも味の感想をいただくなど、楽しい時間を過ごすことができました。「二種類ございますが、どちらになさいますか？」とかしこまって待っているより、こうやって悩む時間も一緒に楽しんだほうが、いい思い出としてくださるのではないでしょうか。

クレームのお客さまをファンに

営業や販売の仕事をしていると、必ずいただくのがクレーム。私もワゴンをお客さまの足にぶつけてしまったり、釣り銭のお返しを間違えてしまうといった失敗（このことは、後の章でご紹介する「バック販売」や「お釣りポケット」のきっかけになりました）をして、お客さまに大変なお叱《しか》りをいただいたことがあります。

よく「クレームをハッピーコールに変える」ということがビジネス書などでいわれます。クレームには、商品やサービスをより良いものにするヒントが隠されている……そういったことは、もはやビジネス界では常識となっているのでしょう。

しかし、私はそういった「クレームから学ぶこと」は当然として、クレームをくださったお客さまに「私のファン」になっていただくというところまでもっていきたいと考えています。

たとえば、とても怒っている方から、最後に「足にワゴンぶつけられて凄く怒っていたけど、今考えると、ぶつけられて良かったかもしれないなー」などといっていただければ、販売員としてこれほど嬉しいことはありません。

多くの方は、「怒っているのを許してもらうだけでも大変なのに、そこからファンになってもらうことなどできるのか」とお思いでしょう。もちろん、お客さまにご迷惑をおかけするような失敗はしないように努めることが大前提です。しかし、もし失敗をしてしまってクレームをいただいた場合、現場の私たちが最大限の努力をして、お客さまの気持ちを変えさせるということもできるのです。

たとえば、ワゴンを足にぶつけてしまったとき。まずは、

「申し訳ございません！　氷で冷やしますか？」

と丁寧《ていねい》に謝罪して、その後もその方の前を通るたびに謝るというのは、マニュアルにもある通常のやり方。お客さまに痛い思いをさせてしまった以上、やらなければならない最低ラインのことです。

ですが、これではお客さまを私のファンにすることはできません。そのときに言葉でお許しをいただいても、きっと気持ちは晴れないまま、新幹線を降りることになるでしょう。

この際に大切なのは、「販売員がマニュアル通り謝っているのではなく、茂木久美子《くみこ》という人間が心から申し訳ないと思っている」ということを伝えること。私という人間が、心から悪いことをしたと思い、少しでもお客さまの気持ちが晴れるようにしたいと思っていることを、言葉や態度で伝えるのです。

これには、さまざまなやり方があります。私は、いつも持ち歩いている私物の湿布《しっぷ》をお渡しして、「もしよろしかったら、これ私物なんですが、貼っていただけますか」というようにしています。

このとき、ただ湿布をお渡しするのではなく、足のどのあたりがどれほど痛いか、全部教えていただきます。そして「それでは、大きさはこれくらいで大丈夫ですか？」と、お客さまの痛む場所にあわせて湿布を切ってお渡しするのです。もちろん余ったほうも切り分けて、「こちらもぜひお持ちください」とお渡しします。

足のどこがどのように痛いか、それをじっくりと聞いて、自分にできる精一杯の対応をする。このことで、お客さまに心を開いていただけます。

実際に、新幹線を降りる際に、「最初は凄く怒っていたけど、でもそれがきっかけで茂木さんに会えて良かったよ！」といっていただいたこともありました。

このように本当に許していただき、さらに心を開いていただくには、「何をするのか」ではなく、「どういう気持ちで対応するのか」が重要になるのです。

できないときも言葉を尽くす

毎日、新幹線に乗務していると、お客さまからさまざまなご要望をいただきます。それに対して私は、新幹線のなかで快適な時間を過ごしていただきたい、少しでも楽しい思い出をもって帰っていただきたいという気持ちから、できるだけご要望にお応えしようと努めています。

ですが、ときには、そのご要望にお応えできないこともあります。そういった際、「今、どのような状況で、なぜできないか」をきちんとお話しすることが、何よりも大切だと思っています。

たとえば、ツアー添乗員の方や、団体で旅行されているお客さまから、「紙コップをください」といわれることがよくあります。飲み物は大きなペットボトルで持ってきているので、それを分けるカップが欲しいとのこと。無料でお渡しする「サービスカップ」は常にいくつか持つようにしていますが、限られたワゴン内にはそうたくさん積んでおくことはでき

ません。そして、

「すみません、紙コップ二〇個ください」

もしこういわれたときに、カップを一〇個しか持っていなかったとします。しかもその日は団体のお客さまが多く、ほかのところでもカップをくださいといわれそうな状態……。このようなときには、現在できる精一杯のことをご説明します。

「申し訳ありませんお客さま。今、私はカップを一〇個しか持っていないのです。でも今日は団体のお客さまが多くて、ほかのお客さまからもカップをくださいといわれるかもしれません。そういう事情があって、五個しかお渡しすることができないのです。こちらのコーヒー販売用のカップをお渡ししてしまうと、コーヒーを売ることができなくなってしまうので、お渡しすることができません。大変申し訳ありませんが、今は五個お渡ししますので、またほかのお客さまの状況を見ながら差し上げるかたちでもよろしいですか？」

このように、「できない理由」をきちんと説明すれば納得していただけます。最初からただ「すみません、五個しかお渡しできません」と答えるだけでは身も蓋《ふた》もありませんし、その言葉から誠意を感じることはできません。事情を知らないお客さまのなかには、「えっ、たった五個しかくれないの？」と不満に思われる方もいるでしょう。

どうしてできないのか、どこまでできるのか——。そういったことをしっかりお伝えする、その努力を怠《おこた》っていては、本当に満足していただける接客はできません。

また、そういった際に私は、「その代わり」を必ずつけるようにしています。

「お客さま、カップは五個しかありませんが、その代わり氷はたくさんありますのでお分けすることができます。氷があれば、カップを順番に使うにしても、冷たく飲むことができますよ」

サービスカップが足りなかったのは、あくまでも私のせい。いくら事情を説明して分かっていただけたとしても、やはりお客さまはがっかりしてしまうでしょう。

そこで、少しでも満足していただけるよう、このように代わりにできることをお伝えするのです。お客さまのご要望に一〇〇パーセントお応えすることはできなくても、「それでも何かできることはないか」と考える努力を惜しまないことが大切なのです。

第二章　セールストーク——一言で場の主役になる

気づきをくれたまんじゅう販売

前章でもお話ししましたが、仕事が終わったあとに「今日こんなことがあって」「こんなお客さんに会ったよ」と、楽しかったこと、反省することを山形支店の営業担当と所長に話すことが、新人時代からの私の日課となっています。そして、まだ販売員になってすぐの頃、二人が、私の話を聞きびっくりしたことがありました。

その日、車内を回っていると、一人のおばあちゃんに声をかけられたのです。

「すみませーん、おまんじゅうのお土産《みやげ》ありますか？」

「はい、ありがとうございます。薄皮まんじゅうとずんだまんじゅうの二種類がありますよ。両方とも一〇個入りで一〇五〇円です！」

まだ新人で、マニュアル通りにできているかもヒヤヒヤの頃のこと。こうして、どうにか間違いなくご案内できたことに満足していました。そして、おばあちゃんは、

「山形から東京へのお土産だから、山形さ名物のずんだまんじゅう買ってぐわー」

といってくださり、私は「ありがとうございます」と商品をお渡しして、またワゴンを進めていきました。

そしてまた、そのおばあちゃんが乗車している車両へ回ってきたときのことです。頭の隅《すみ》

で、「先ほど、まんじゅうをお買い上げいただいたおばあちゃんがいるところだ」と思い出しました。

そこでふと、「あれ？　もしかしたらおばあちゃん、まんじゅう一箱じゃ足りんのかもすんねえなあ」と思ったのです。「もう一箱売ってやろう」というような気持ちはまったくなく、お土産で配る分が一〇個入りで足りるのか、本当に心配になってしまったのです。

そしてキャリアが浅く、あまり物事を深く考えていなかった私は、こういったことを考えているうちに自然とワゴンがおばあちゃんの前で止まってしまい、さらにこう声をかけていたのです。

「おばあちゃん、さっき私からずんだまんじゅう買ってけたっべ。一箱買ってけたけど、ほんてん一箱で足りんのか？」

この突然の質問に、もちろんおばあちゃんはびっくり。自分は止めてないのに、なぜ車内販売の人が自分のところへきて、「一つで足りるのですか？」と聞くのか……。驚くのも無理はないでしょう。

そして、いってしまってから、「これでは誤解を受けてしまう」と気づいた私は、すぐに「いや、別に私、買ってっていってるわけじゃないいんだ。そういうつもりじゃないんだ」と説明しました。

するると、最初は驚いていたおばあちゃんも、ふと我に返って、「……んだよな。お土産を持って行くお客さんに、まんじゅう一個ずつ配ればいいと思ってたけど、二つあったほうがなんぼもいいべ」

といってくださったのです。そして、「じゃあせっかくだから、薄皮まんじゅうもけろ」とお買い上げくださいました。

このときは、自分から声をおかけし、おばあちゃんにまんじゅうを買っていただいたことが嬉しくて嬉しくてしょうがありませんでした。びっくりする営業担当や所長の前で、一生懸命おばあちゃんとのやり取りを話したことを憶えています。

今になって考えると、若気《わかげ》の至りというか、よく唐突にそんなことをいえたなと肝が冷える思いがします。営業担当も啞然《あぜん》とした様子で、「これで足りるのかなんて聞く人は、車内販売員でもなかなかいないな」といっていました。

ですが、実はこのときのやり取りで、初めて気づいたことがあったのです。

一回目におばあちゃんから声をかけていただいたとき、おばあちゃんは少なからず「商品を買う意思」があったはずです。当然、そこで商品を買っていただけたのですから、二回目に回ってきたとき、おばあちゃんは私に声をかけるつもりはなかったでしょう。つまり、私が声をかけずにそのままでいれば、私とおばあちゃんの関係はそこで終わっていたことにな

ります。

しかし、二回目で私が声をおかけしたことで、おばあちゃんと私の関係はまたつながったのです。怖いもの知らずだった新人当時でさえも、このように突然声をおかけすることは、とても恥ずかしいことでした。販売員である自分のほうから話しかけるということは、大変勇気がいることだったのです。

ですが、そこで勇気を出して声をかけることで、またおばあちゃんとのつながりができた、話をして商品を買っていただくことができた……。そのとき初めて、一つのことに気づいたのでした。

「車内販売の仕事は、声をかけられるまで止まってはいけないと思っていたけど、自分から止まって声をかけてもいいんだ！」

もちろん、お客さまの様子をうかがいながらですが、自分から積極的に声をおかけすることで、お客さまとの出会いは無限に広がっていく。これが、「お客さまとの出会いを大切にする」という、私らしい接客の始まりでした。

「いかがですか？」の言葉の重圧

ファーストフード店やレストランで注文するときや、洋服の買い物をするときなどに、店員がよく使う言葉に、「いかがですか？」があります。

たとえばレストランで注文したあと、「こちらのサラダもご一緒にいかがですか？」といわれたり、買い物をしているときに、「こちらのお洋服とっても素敵ですよ。いかがですか？」といわれた経験が皆さんもおありでしょう。販売の仕事をしていると、商品をすすめたい気持ちからよく使ってしまう「いかがですか？」という言葉。実はとても重みのある言葉なのではないでしょうか。

なぜなら、販売員が「いかがですか？」と問うているということは、お客さまに「イエス」か「ノー」かの選択を迫っていることになるからです。

お客さまに、一瞬でその商品を気に入っていただければ、もちろん即「イエス」、つまり「買います」の返事がくるでしょう。しかし大体の場合、その商品をよく吟味してから、良いものかどうか、買うかどうかを決めます。

そういった、お客さまが考える「間」を置かずにおすすめすれば、たいがいの人は商品をよく見ることもなく敬遠してしまい、「いえ、結構です」「大丈夫です、いりません」となるのは、当然のこと。多くの販売員が何気なく使っている「いかがですか？」という言葉が、実はお客さまにとって大きな負担になっているのです。

私自身、通常のワゴン販売の際には、「コーヒーにサンドイッチ、お弁当はいかがでございますか」という、販売員の定番文句を使いますので、そのなかで「いかがですか」という言葉を使うことはありません。

ですが、とくにおすすめしたい商品がある場合は、「山形名物の牛肉弁当をお持ちしました」「冷たいアイスクリームでございます」といった言葉を使い分けるようにしています。

このように、「○○をお持ちしました」「○○でございます」という紹介だけの言葉であれば、お客さまは「あ、今、ワゴンサービスではお弁当を売っているのだな」「アイスクリームを売っているのだな」と知ることができます。そして、それを買うかどうかをじっくり考える余裕も生まれてきます。

そこで商品が欲しいと思えば、お声をかけてくださるでしょうし、決めかねているのであれば、「ちょっと商品を見せて」と詳しい説明を求めてくださるでしょう。

また、「今はまだお腹減ってないけど、次に回ってきたらお弁当を買おうかな」と考える方もいるかもしれません。

このように、言葉を少し変えただけで、お客さまの受け止め方はまったく違ってきます。言葉を意識的に選ぶことで、お客さまの気持ちに負担をかけず、自然に意識をこちらへ向けてもらうことが大切なのだと思います。

買ってもらっても終わりじゃない

「いかがですか？」という言葉と同様に、私が意識して使い分けている言葉があります。それは「ありがとうございました」と「ありがとうございます」です。ときと場合にもよりますが、「ありがとうございました」という言葉は、あまり使わないようにしています。

たとえば、常連さんに商品を買っていただいたとき。

「茂木さんこんにちは。コーヒー一つください」

「あ、○○さんお久しぶりです！　コーヒー一つありがとうございます。今日はお仕事ですか？」

このように、世間話をしながら代金のやり取りをしたあと、

「それでは、ありがとうございました」

といってしまうと、何だかそこで「おしまい」といった気持ちになってしまわないでしょうか。語感のちょっとした違いから、まるで「買ってもらったから、もういいですよ」といってしまっているようで、お客さまとの距離が一気に離れてしまう気がするのです。

お客さまにしてみても、「何だか最後に突き放されたような気になるな。結局はお金のやり取りがメインだったのか」と、無意識のうちに感じるのではないでしょうか。

接客で何気なく使う言葉や言葉尻からも、お客さまの意識は変わってくる

そこで私は、「ありがとうございます」のあとに「またきますねー」というようにしています。「お客さまと私の関係は、これで終わりじゃないですよ」という意思表示を、言葉遣いから見せるのです。

この「またきます」は、「また買ってください」という意味ではなく、「また通りますからね。よかったらまた声かけてくださいね」という意味。たとえ商品を買っていただかなくても、気軽に「あ、茂木さん」とお声をかけていただくことが嬉しいのです。

このような言葉遣いのちょっとした差で、お客さまからお声をかけていただく頻度は大きく変わってきます。実際にワゴン販売で回っていても、その違いは強く実感することができます。

たかが言葉尻一つ、と思われる方もいるかもしれません。しかし、こういったわずかな違いが、お客さまの無意識に深く影響してくるのです。

「いつもきてくれるお客さまがいるのに、なかなか距離が縮まらない」といった悩みのある方は、普段、自分が使っている言葉を思い返してみて、意識的に少し変えてみるといいかもしれません。

買う意思がない人の注意を引く技

毎日たくさんのお客さまと出会える新幹線。なかにはワゴン販売にまったく興味をもたない方もいらっしゃいます。そういった方を、少しでも「買っていただける可能性のあるお客さま」にする工夫を、いくつかご紹介しましょう。この、「買う気がないお客さまをその気にさせる」方法というのは、営業・販売をする方にとって、一番知りたいところではないでしょうか。

私の場合は、まずお客さまの意識をこちらへ向かわせようと考えます。しかし新幹線車内でのワゴン販売では、注目してもらうために大きな声を出すこと、あるいは目立つ看板を出すことなどはできません。ワゴンが通っても、まったく顔を上げていただけない方には、やはり販売員も声をおかけすることがなかなか難しいものです。

こういったときに、私の強い味方になるのが、山形弁です。

もともと山形で生まれ育った私は、この仕事に就《つ》くまで、自分が訛《なま》っているということにさえ気づいていませんでした。入社してすぐに受けた三週間の研修で、標準語を使ってビシッと接客をする先輩乗務員の姿を見て、「自分もこんな接客がしたい！」と思い、標準語での接客をするようになったのです。

しかし、どんなに無理をして標準語を使っていても、言葉の端々に訛りや方言は出てきてしまいます。一時期は自分の訛りが嫌で嫌で、コンプレックスになっていたこともありました。ですが、ふとしたときに出てしまう訛りをきっかけにして、お客さまとの会話が広がるということがたびたび起こったのです。

「ああ、おねえさんは山形の人？　山形弁を聞ぐと、家に帰ってきた気がしてほっとするべな」

旅行からの帰りだった方には、このようにいっていただき、

「山形の人なの？　これから旅行で山形行くところなんだけど、どこかおすすめのお店あったら教えて！」

といった旅行客の方もいらっしゃいました。こういったことから、次第に「方言を使うことでお客さまが喜んでくれる。私に注目して興味をもってくれる」ということが分かってき

ました。それからは、むしろどんどん方言を使い、お客さまとのコミュニケーションツールとして活用するようになったのです。

買う意思がないお客さまの気を向かせる方法として、この方言は大いに役立ちます。最初は丁寧《ていねい》な標準語で「コーヒーにサンドイッチ、お弁当はいかがですか」と回っていた販売員が、お客さまに呼び止められて話しだした途端、「こっちもよく見てってけろー」と山形弁全開になるのですから。

そうすると、ワゴン販売にまったく意識を向けていなかったほかのお客さまも、「えっ、あの販売員さん、方言使っている……何か面白いおねえさんだな」と思い、何となく気にするようになります。「おや？」と顔を上げ、こちらを見てくれるようになり、無関心だった方の気持ちが少し変わってくるのです。

これをきっかけにしてワゴンを止めてくださるお客さまもいますし、販売とは関係なく、「あのおねえさん、何だか声をかけやすそうだな。次の駅の到着時間を知りたいんだけど、ちょっと聞いてみようかな」といったことで、声をかけていただくこともあります。

買う気のないお客さまに買っていただく、そのためにはまず、その方の意識を自分に集め、自分がその場の主役になることが重要です。主役といっても、大声を上げたりお客さまの時間を壊すような、マイナスの要素で主役になるのではなく、あくまで自然に、少しだけ注意を向けていただく。私にとって、それには方言というツールがもっとも適していたということなのです。

オリジナルイベントを勝手に作る

お客さまの意識をこちらに向かわせる方法は、必ずしも方言だけとは限りません。ちょっとした言葉から、列車中の注目を集めることも可能なのです。

私がよく行うのが、イベントを勝手に作ってしまうというもの。本物のイベント列車もありますが、私一人では、飾りつけをしたり、音楽を流したり、試飲試食のサービスを提供できるわけではありません。では、どのようにしてイベントを作るのか？

私にできる飾りつけは、「言葉」と「手」、そして「口コミ」です。

たったこれだけで、列車のなかでイベントの演出ができるのです。では、私が勝手に「ワイン列車」のイベントをした、ある日のことをお話ししましょう。

ワゴンを押して、通常の販売で何回か回ったあと、私はいつも「今日はこれをたくさん売るぞ！」と考えている一品を、カゴに入れて販売にいきます。この日はワイン。夕方という時間帯もあり、仕事を終えたサラリーマンの方も多く目についたので、いつもよく売れるビールやサワーとともにワインも飲んでいただけないかと、カゴに入るだけ持ち、客室に入っていきました。

まず扉の前で、少し大きめの声でこういいます。

「失礼します。ワインをお持ちしました。今日はワイン列車です。おいしいワインを冷やしております」

この一言で、声が届く席のお客さまは「え？　何かイベントが始まるの？」と驚き、こちらに目を向けていただけます。

声が届かない遠くの方には、ワインを高く上げてもう片方の手で指を差します。こうすることで、何が起こっているのか分からないお客さまにも、「ワインを売りにきたらしい」ということには気づいてもらえます。

そして、一番重要なのが、お客さま同士で交わされる「口コミ」です。知らない人同士が並んで座っていて、それまで一言も話していなくても、こうしたいつもと違う雰囲気になると、つい話しだしてしまうものです。

「何が始まったんですか？」

「何か、ワイン列車になっているみたいですよ」

「えっ、ワイン列車？　普通の新幹線じゃないんですか？」

「よく分からないんですけど、販売員のおねえさんがワインをたくさん持ってきて、売っているようです」

　こういったお客さま同士のザワザワとした会話が、まるでウェーブのように車内に広がっていきます。

　この「お客さまのなかでの伝播力《でんぱ》」というのは、とても強力です。口コミの波だけで、車内の空気は一瞬で「ワイン列車」に変わってしまうのですから。そうすると、興味をもったお客さまからお声がかかります。

「何、そのワインおいしいの？」

「はい、赤と白があって、どちらもおいしいですよ」

「じゃあ、いつもはビール飲んでるけど、今日はワインにしてみようかな」

　このようにして、興味をもってくださった方から、どんどんとお声をかけていただくようになります。最初は興味なさそうにしていたお客さまも、周りの盛り上がった雰囲気や、私からの説明を聞いて、次第に興味をもつようになります。

　なかには、「自分はお酒を飲めないけど、お土産に買っていきたい」という方もいらっしゃいます。

　また、このように「イベント気分」を出すことで、「今しか買えない」「皆、あんなに買ってる。早く買わなきゃ！」という、特別な気持ちにさせる効果もあります。たとえ買っていただけなくても、「イベント列車」として盛り上がった車内の雰囲気は、お客さまにとって良い思い出になるのではないでしょうか。

販売の仕事をしている方のなかには、「集客力を上げようにも、予算もないし……」という人もいるでしょう。しかし、お金をかけなくても、アイディア次第でこのようなイベントを作ることもできるのです。

イベントが与える心理的変化とは

もちろん、「イベント」は、さまざまな販売業で作ることができます。たとえば、コンビニエンスストア。店を挙げてのイベントを企画しなくても、一人ひとりの店員レベルで行うことができるのです。そこでここでは、もし私がコンビニエンスストアの店員だとしたらと想定して、どのように仕掛けるのかをお話ししたいと思います。

新幹線の車内販売では、すべてのお客さまが何かを買うわけではありません。ですが、コンビニエンスストアに来店する人の多くは、もともと何かを買う意思があって、店へやってきます。店に入ってきた時点で、黙っていても買っていただけるものがあるのです。

そこで私は、本来買っていただける商品以外のものを、いかにして買っていただくか、そこを考えながらイベントを作ります。

まず、お客さまがレジに並ばない限り、私ならレジのなかには入りません。品出しをしたり、商品の陳列を整えたりしつつ、フロアにいるようにする。そして、お客さまのカゴを観察しながら、とくに買いそうもない商品をおすすめするのです。たとえば、この日は「ポテトチップス祭り」だとしましょう。

「今日はポテトチップスが一二四円でーす」

コンビニエンスストアなので、もちろんこのポテトチップスは元々一二四円。ですが、こういってしまうことで、お客さまをびっくりさせ、注目してもらうことができます。

お客さまが「え？　このポテトチップスは、いつもそれぐらいの価格じゃなかったっけ？」と驚いてこちらを向けば大成功。そこから会話を広げていくことができます。カゴにポテトチップスを入れて持ち歩き、一人ひとりに商品をすすめるということも、こういったお客さまの意識があれば行いやすくなるでしょう。

また、そこまではなかなかできないとしても、たとえば次のようにご案内するだけでも、お客さまの気持ちを変化させることができるのではないでしょうか。

「本日、ポテトチップスが一二四円となっております。お子様のおやつや、お酒のおつまみにもピッタリ！」

このように、具体的にポテトチップスを食べるシーンを伝えることで、お客さまにそのシーンをイメージさせることができます。

テレビや雑誌などでラーメン特集を見て、急にラーメンを食べたくなった……ということが、皆さんにもあることでしょう。このように商品を具体的にイメージさせることで、購買意欲を喚起することができるのです。

言葉と行動の工夫次第で、いくらでも「イベント」を作ることはできる。お客さまの意識を変えることができれば、「イベント」は大成功です。「どうすればうまくお客さまの意識を向けさせることができるか」、いろいろと試行錯誤してみるのも面白いでしょう。

買うか買わないかを決めつけない

先ほどの「イベント列車」の際、一人ひとりのお客さまに「ワインが冷えていますよ」と声をおかけしていっても、一回目では買ってくださらない方ももちろんいます。だからといって、「一度断られたお客さまは、もう買ってくれないだろう」と考えてしまっては、お客さまに対して失礼になります。

お客さまが一度、いらないといっても、そのあとに欲しくなるかもしれない。買うか買わないかは私たちが決めるのではなく、あくまでも「お客さまが決める」こと。もう買わないだろうと、勝手に決めつけてしまってはいけない——私はいつも、そのように考えています。

人は誰でも迷うもの。一度はいらないと思い断っても、「やっぱり欲しくなってきた」と、気持ちが変わることがあるものです。そういったときに、販売員のほうが、「この人はもう買わないから」という意識でいては、お客さまも声をかけにくくなってしまいます。

私自身、そういったシチュエーションでの販売員の対応で、よく憶えていることがあります。以前、洋服を買おうとショッピングビルを見て回っていたときのことです。

ある店で少し気になる洋服がありました。鏡の前であててみたりしていると、店員さんが「こちらお似合いですよ」と声をかけてきます。会話をしながらも、買おうかどうしようかしばらく悩んでいたのですが、結局、「やっぱりやめておきます」と洋服を返しました。

まだほかの店を見たかったということと、買うには決め手に欠けるような気がしたため、そのときは買わずに店を出たのです。ですが、ほかの店も見ているうちに、「やっぱりさっきの店の服が一番良かったな」となり、またその店に戻りました。

このとき戻ってきた私を見て、先ほどの店員さんが「お帰りなさいませ。やはりそちら気に入られましたか?」と、ニコニコの笑顔で声をかけてくれたのです。

こういった状況で、もし店員さんが「さっき買わずに出ていった人だから、きっと冷やかしで買う気はないのだろう」と考え、冷たい態度でいるのであれば、きっと再度店に入っていくのに気まずい思いをしたことでしょう。その店員さんが笑顔で出迎えてくれたことで、私は気持ち良く服を買うことができました。

このような私の体験からも分かるように、一度断られても、そのあとに買うか買わないかは、販売員ではなくお客さまが決める、ということを私たちは頭に入れておかなくてはいけません。

では、車内販売では、断られたお客さまへどのように接するのか？

私は、一度断られたお客さまの前を通るとき、「まだ、ワインたくさんありますからね」と声をおかけするようにしています。

一度断られているのに、何度も「いかがですか？」といってしまっては、本当に欲しくない方だった場合、大きな負担になってしまいます。だからといって、断られたあと一度も声をおかけしないのであれば、まるで「あなたは買ってくれない人」といっているようなもの。

そこで、「もし迷っているのでしたら、焦《あせ》らなくてもいいですよ。まだまだありますから、ゆっくり考えてください」という気持ちを込めて、「まだありますからね」と声をおかけするのです。

このように声をおかけすることで、「一度断ったけど、やっぱり買おうかな……」と思っているお客さまが、声をかけやすくなるという効果もあります。

また不思議なもので、新幹線のなかで「イベント」をすると、お客さまのほうから「売れる」雰囲気を作っていただけるのです。カゴのワインがなくなると、手を叩きながら「わあ！　もうそんなに売れたんだ？」と驚いてくださり、「また（倉庫に）商品を取りにいくのね。まだ在庫たくさんあるの？」と声をかけてくださいます。

こういった雰囲気のなかにいると、買っていないお客さまは、次第に「そんなに売れているのか……これは、買わないと損かもしれない。しまったなあ、さっき声をかけられたときに買えばよかった」という気持ちになっていくようです。

そこで、その方の前を通ったときにこっそり、「まだたくさんありますからね」とお伝えすると、「あとで三つ持ってきて！」などといっていただけることが、本当によくあるのです。

声の出し方「三つのポイント」

これまでお話ししてきたように、セールストークで使う言葉に細かく意識を向けることはとても大切です。そしてさらに私は、販売の際の声の出し方にも注意を払うようにしています。ポイントは三つあります。

まずは、「声の強弱」。

私は時間帯や売る物によって、大きめの声でいったり小さめの声でいったりと使い分けるようにしています。

たとえば、朝早い時間帯や最終便などの新幹線では、寝ているお客さまも多くいらっしゃるので小さめに。休日など、団体客や家族連れで賑《にぎ》わっているときは少し大きめで、商品名ははっきりというように心がけています。

また、先ほどの「イベント列車」の際は、ドアの前での最初のご案内を大きめの声で。そのあとにお客さま一人ひとりへ声をおかけするときは、少し小さめの声で話すようにしています。こそっとお話しすることで、「あなたに話しかけていますよ」といった、ちょっと秘密めいた雰囲気を出せるからです。

次に、「声を出す場所」。

ワゴン販売では、「ホットコーヒーにサンドイッチ、お弁当はいかがですか」とご案内をしながら進んでいきます。このように商品名を出すことで、お客さまは何を売っているのか、半無意識的に知ることができるからです。

しかし、進むスピードをずっと変えずに進んでいくと、「……いかがですか」という一言しか聞こえない（つまり、商品名を聞くことができない）席ができてしまいます。ですから、私は「いかがですか」の部分では一度立ち止まり、また商品名をいい始めると同時に歩きだすようにしています。

さらに、ワゴン車で回っているときには、あえて子供連れのお客さまのすぐ近くでは、「冷たいアイスクリームいかがですか」とご案内しないようにしています。たいがいの親は、子供の前でおおっぴらに「アイスクリームいかがですか」とはいわないでほしいもの。それなのに目の前でいってしまっては、あまりに露骨でいやらしくなってしまいます。

そこで私は、子供連れのお客さまがいる席からは遠めで、しかし、声はどうにか聞こえるぐらいの位置で、アイスクリームのご案内をするようにしています。こうすることで、親も買ってあげるか買ってあげないか考える時間ができますし、子供にも「もうすぐアイスがくる！」とワクワクする時間ができるからです。このように、お客さまによって声を出す場所を変える工夫も必要なのではないでしょうか。

そして最後のポイントは、「時間によっていうことを変える」こと。

先ほどもお話しした通り、ワゴン販売では商品名をいいながら進んでいくのですが、この商品名を時間帯や車両などによっていい分けているのです。

たとえば、一周目では通常の「ホットコーヒーにサンドイッチ、お弁当はいかがですか」とご案内します。次の二周目では、お弁当などの食後のお客さまに「デザートにアイスクリームはいかがですか」に。

そして、もうそろそろ新幹線が駅に到着しそうな時間になると、「お土産に東京ばな奈《な》、シウマイはいかがですか」というように変えていきます。もうお客さまが降りるという時間なのに、コーヒーのご案内をしても意味がないからです。

お客さまが商品を買いたいか買いたくないか、何が欲しいのかは、時間とともに変わっていきます。そこでいつも同じご案内をしていては、ときにはまったく効果がなくなってしまいます。常に客層や時間をチェックしながら、言葉も変化させていくことが大切なのです。

「変化球」で商品アピール

ところで私の講演会では、他業種の方から、「もし茂木さんが○○の販売をするのならば、どのように販売しますか?」といった質問をよく受けます。業種はさまざまで、スーパーマーケットから車のディーラーまで多種多彩です。

そういったとき、私は自分がイメージできる範疇《はんちゅう》でシミュレートし、「私ならばこうする」といったお話をします。

本書ではいくつか、新幹線の車内販売を離れた他業種においての「私ならばこうする」に触れてあります。そこでまず、前項で紹介したポイントから、「もし私が、ファーストフード店の店員だったら、声のひと工夫をどう使うか」を、ちょっとシミュレートしてみましょう。

もちろん、各フランチャイズによってマニュアルがあるでしょうが、あくまで「こういったやり方もあるのか」と、参考にしていただければと思います。

ハンバーガーのファーストフード店で、一番手頃なメニューは、やはりハンバーガーとポテト、飲み物がセットになったセットメニューでしょう。そこにもう一品、たとえばサラダを買ってもらいたい場合。私ならその商品のポイントを、レジに並ぶお客さま全体にご案内します。

「本日のサラダ、産地直送で届いてまーす」

「○種類の野菜が摂《と》れるサラダ、新鮮出来たてですよ」

このとき、決して「ご利用ください」や「いかがですか」といった言葉は使いません。ただ、商品のおすすめポイントをお伝えするのです。

また、レジで対応するお客さま一人ひとりに、「こちらのサラダもいかがですか？」とおすすめしないようにします。すでにお話しした通り、直接、お客さまに「イエス」か「ノー」かの選択を迫ってしまっては、たいがいの方は及び腰になって、「いいです」と断られてしまうからです。

並んでいるお客さまにさりげなくご案内することで、「え？　サラダもあるのか。最近、野菜不足だしな。いつものセットにしようと思っていたけど、じゃあサラダも頼んでみようかな」と導く。このようにすれば、どの商品を買おうか考えているお客さまの選択肢を、一つ増やすことができるのです。

そして一人のお客さまにサラダをお買い上げいただいたら、今度はこのお客さまを介して商品のアピールをします。ファーストフード店では、ご注文の商品が間違いないか最後にリピートしますが、このときにあえてサラダを大きめの声でいうのです。

「○○セットがお一つ。サラダがお一つでよろしいですか」

このとき、○○セットの部分は少し小さいぐらいの声で、サラダは大きめの声でいいます。また、商品をお渡しするときも最後にサラダをトレーに載せて、「はい、サラダでございます」とつけ足すようにします。こうすることで、うしろに並ぶお客さまたちに「あ、あの人はサラダを買ったんだ」という印象を与えることができるでしょう。

「イベント列車」のときのように、その商品を買う人を見ると、何となく自分も買ってみたいと思うようになるものです。

このように、たとえその場を動くことができなくとも、また、身振り手振りをあまり使うことができなくとも、使う言葉や声の強弱を工夫して、売り上げを変えることはできます。

直接的に商品をアピールするより、変化球でさりげなくアピールするほうが、ときには大きな効果となる場合があるのです。

これは、さまざまな業種の仕事で活用できるでしょうから、販売の仕事をされている皆さんも、ぜひ一度チャレンジしてみてください。

人と人を結びつけて売り上げに

とくに商品を買っていただきたいと思っていなくても、お客さまとの自然な会話が、いつの間にか売り上げにつながっていることがあります。これからお話しする二つのエピソードは、お客さまを喜ばせたい、もっとお客さまのことを知りたいと思ってしていた会話が、商品の売り上げにつながった実例です。

いつものように車内販売に回っていると、二人席におばあちゃんとビジネスマンらしき男性のお客さまがいらっしゃいました。お二人は知らない人同士らしく、とくに会話はされていないようでした。

その席の前を通ったとき、おばあちゃんから「すみません、コーヒー一つください」と声をかけていただきました。

「はい、ありがとうございます」といいコーヒーの準備をしながら、私はもうすぐ富士山が見えるポイントだということを思い出しました。東北方面へ向かう山形新幹線でも、天気が良い日には富士山が小さく見えるのです。そこで、おばあちゃんに少しでも喜んでいただければと、富士山の話をしました。

「おばあちゃん、知ってますか。山形新幹線からも富士山が見えるんですよ。もう少ししたら、あちら側に見えてきます。今日はいい天気だから、きっときれいですよ」

「あらー、そうなの？　あ、見えた！」

おばあちゃんとこのような会話をしていると、それまで難しそうな顔でパソコンを開いていた隣の男性がふと顔を上げ、一緒に富士山を見たのです。そして、おばあちゃんの「ああ、富士山きれいだねえ」というひとり言のような一言に、「本当だ、きれいですね」と応えました。

そこから、おばあちゃんとビジネスマンは少しずつ話し始めました。富士山のお話をしなければ、きっと知り合うことのなかった二人。こうした出会いがあるからこそ、この仕事をしていて良かったと、やりがいを感じる瞬間です。「それじゃあ、またきますね」と声をおかけして、私はまたワゴン販売に戻りました。

そして、再び二人の前を通ったとき、おばあちゃんからまたお声がかかりました。

「あっ、さっきのおねえちゃん！　アイスクリーム二つちょうだい。一つはこちらにあげてね」

　あれからいろいろお話をして、だいぶ仲良くなったようでした。おばあちゃんは二人でアイスを食べようと、私に声をかけてくださったのです。

　お客さまに喜んでいただきたいと思って伝えた富士山の話が、アイスクリーム二つの売り上げにつながった……。もちろん、売り上げにつなげたいと思って富士山の話をしたわけではなかったので、「こういうこともあるのだな」と、何だか不思議な気持ちになったことを憶えています。

多く売るより人とのつながりを

　また、ディズニーランド帰りのある家族とお話をしたときも、次のように会話が売り上げにつながったことがありました。

　たくさんのお土産袋と大きな風船。一回目に回っていたときから「ディズニーランドに行ってきたんだな」ということには気づいていました。二回目にその家族の横を通ったとき、何気なく、お子さんに声をかけたのです。

「ディズニーランド、行ってきたの？　どんな乗り物乗ってきたの？」

「うんとね、昨日はディズニーランドいって、今日はシーのほうに行ってきたの！　いろいろ乗ったけど、怖いのは乗れなかったんだー」

「そうなんだ。二つも行けて良かったね。たくさん遊んだんだねえ」

するど、話し好きそうなお母さんも話に加わってきます。

「二泊三日で行って、もうくたくた。子供は相当嬉しかったみたいで、まだ元気なんですよ」

「あらー、大変でしたね。お土産もたくさん買って、重かったでしょう」

「そうなの、親戚や友達へのお土産をいろいろ買わなきゃいけなくて」

そういって、どのようなお土産を買ったかを教えてくれます。お客さまのことを知りたいという思いで声をかけたことから、いろいろなお話を聞くことができて、とても嬉しく感じました。そして私は、「それじゃあ、またきますね」といって、またワゴン販売に戻りました。

そして、もうすぐ山形に到着という時間帯の三周目。先ほどの家族がいる車両に入った途端、お母さんが慌てたように私を呼ぶのです。

「ちょっと、おねえさん、おねえさん！　さっきお土産の話をしてたら、親戚のおばさんにあげるお土産を買い忘れてたことに気づいたの！　東京に行くって話しちゃってたから、お土産買わないと。何か東京のお土産ってある？」

こうして、私はこの家族から東京のお土産「東京ばな奈」をお買い上げいただきました。

私の場合、仕事中、常に「たくさん売りたい」とは考えていません。新幹線でのお客さまとの出会い、つながりを大切にしたいという気持ちが何よりも一番強いのです。ですが、そういった気持ちがあるからこそ、結果として売り上げがアップするということもある。

いつもいつも「何か買ってくれないかな。たくさん買ってほしい」というように考えるのではなく、たまにはお客さまとじっくり話をしてみるのもいいかもしれません。そこから、また新しいビジネスチャンスが生まれる可能性もあるかもしれないのですから。

言葉は少し足りない程度が効果的

ところで、お客さまとの会話のなかで、私はたまに少しだけ、「言葉が足りない」ようにすることがあります。なぜならば、そうすることで、その方にもっと私のほうに興味を向けていただけるからです。

たとえば、出身地の話をしたとき。

「茂木さんはどこの出身なの？」と聞かれ、「私は山形の天童《てんどう》で、天童駅から○分ぐらいのところなんですよ」と、細かくしっかり説明してしまうと、「へえ、そうなんだ」と、そこで会話のキャッチボールは終了してしまいます。会話の相手は、一度にすべてを知ってしまえば、それ以上の興味はなくなってしまうからです。

しかし、「私は東北のほうなんです」というように少し言葉を足りなくすると、「東北のどこなの?」と、会話のキャッチボールが進みやすくなります。

よく、「男は謎の多いミステリアスな女性に惹《ひ》かれる」といいますが、人間、誰しも分からないことがあると、もっと知りたいと思うもの。一度にすべてをさらけ出してしまうより、少し言葉が足りないぐらいにしたほうが、お客さまの意識をよりこちらに向けさせることができるのです。

こうすることで、お客さまとの会話をもっと広げることができるようになります。前項でご紹介したように、会話を広げることで、ビジネスチャンスを得る機会も増えるでしょう。

また、お客さまが「少し物足りないな」と思う程度で会話を切り上げるということも、私はしばしば行います。

お客さまに商品説明をして、「どうしようかな」と迷われている場合、あまり長居せずに、「では、あとでまたきますから、それまでじっくり悩んでください」といってワゴンを進める。こうすると、お客さまは「あれ?　もういってしまうの?」と、少し物足りなく感じるかもしれません。

もちろん、一ヵ所にずっといてはほかを回れず、ほかのお客さまにご迷惑をおかけしてしまうという理由もあります。しかし、引き際を早めにすることで、「次にワゴンがきたら、また声をかけよう」という気持ちにさせる効果があるのです。

また、お客さまご本人にしっかり考えていただき、本当に買いたいと思って私を止めていただきたい、という私なりの考えもあります。そして、私自身も次に回ってきたとき、「決まりましたか？」と自分から声をかけやすくなるということも。

引かれれば追いたくなるのが人の常。さらに、お客さまもじっくり考える時間をもつことができる。「少し物足りない」には、こういった効果があるのです。

第三章　接客術――一人ひとりにオーダーメイドで

お客さまのことを想像して売ると

私はよくワゴン販売をしながら、お客さまのさまざまなことを想像しています。どういう仕事をしているのか、どんな家族がいるのか、どこに住んでいて、今日はどういった用件で新幹線に乗っているのか……。こういったことは、もちろん接客とは直接関係ないことです。しかし、「もっとお客さまのことを知りたい」という気持ちから、自然と想像を膨《ふく》らませてしまうのです。

たとえば小さな赤ん坊を抱っこして、一人で乗車されている女性のお客さまがいたとき。私はつい、こんなことを考えていました。

「まだ小さな赤ちゃんがかわいいな。同乗している人がいないみたいだけど、お母さんが一人で連れているんだろうか。さっきからずっと抱っこしているけど、座席に下ろすと泣いちゃうのかな。一人だと気が抜けなくて大変だろうな」

そんなことを想像しているうちに、そのお客さまからお声をかけていただきました。

「すみません、お弁当はどんなものがありますか？」

「はい、こちら山形名物の牛肉弁当や、幕の内弁当がございます」

と、ご案内をしながら、ふと「赤ちゃんを抱っこしながらお弁当を食べるのは大変じゃないだろうか」と考えたのです。片手で赤ん坊を抱きながら、もう片方だけで箸《はし》を動かすのは、揺れるうえにテーブルも小さい新幹線では、なかなか大変だろう……。

そこで私は、

「お客さま、赤ちゃんをずっと抱っこしていないといけないようでしたら、お弁当より片手で食べられるサンドイッチのほうが食べやすいですよ」

そうご案内したのです。

お弁当とサンドイッチでは、倍ほども値段が変わってきます。単純に売り上げのことを考えれば、もちろんお弁当を買っていただいたほうがいい。

しかし、お弁当をお買い上げいただいたあと、食べにくそうにしているお客さまを想像すると、やはり食べやすいサンドイッチがいいのではないかと思ったのです。そしてこの方からは、

「ありがとう。もう腕が疲れちゃって。じゃあ、サンドイッチをいただこうかしら」

と、お買い上げいただきました。

このように、お客さまのことをいろいろと想像することで、より相手に合った接客をすることができるようになります。ときには売り上げと相反してしまうこともありますが、それがお客さま一人ひとりに合った、「オーダーメイド」の接客につながるのだと思うのです。

そういう疑問や想像は、商品を買っていただいたあとにまで及びます。「このお客さまは、何で○○なんだろう？」「きっとこのお客さまは、○○なんじゃないだろうか」などと。

たとえば、期間限定のご当地マヨネーズを家族へのお土産《みやげ》にと買っていただいたビジネスマンの場合は、

「このお土産を買って帰って、ご家族とどういうお話をするのかな。皆で味見をしたり、新幹線のなかで私と話したことを思い出して話題にするのだろうか」

などと想像します。そこで、次に回ってきたときについ、「先ほどのマヨネーズ、ちょっと変わった商品なので、きっとご家族もびっくりされると思いますよ」などと声をかけて、そこからもっと会話が弾む……ということも。

このように、お客さまの生活やバックグラウンドを想像し、ときには疑問に思ったことを直接聞いてみることで、もっと近づくことができるようになるのです。

「見ていますよ」の思いを伝える

前項のように「お客さまを想像する」ためには、相手がどんな人か、どういった動きをしているかをよく見ていないといけません。

たとえば、ビジネスマンのお客さまが一冊の本を熱心に読んでいる。その本のタイトルが

「部下を上手に叱《しか》る方法」といったようなものであるならば、「ああ、この人は部下のいる役職に就《つ》いている人で、きっと部下の扱いに困っているんだろうな」と想像できます。

このように本の場合、そのタイトルなどから何を考えているのかが比較的想像しやすいのです。

そして、もしそのあとに「コーヒーください」とお声をかけていただけたら、さりげなくこうお応えします。

「お客さま、先ほど何か難しい本を読んでいましたねー。お仕事、一生懸命がんばっているんですね」

このようにお話しすると、お客さまは「えっ、自分のことを見ていてくれたのか」と思い、ちょっとした嬉しさを感じていただけるようです。

自分のことを見ていてくれる、気にかけてくれているということは、あまり重いもの（ストーカー並みに監視していた……というのでは怖くなってしまいますが）でなければ、誰でも嬉しく感じるものです。

このとき、私は決してマイナスの言葉をかけないように気をつけています。先ほどの言葉でも、いささか極端な例ですが、

「お客さま、先ほど一生懸命本を読まれていましたけど、何か悩みでもあるんですか？」

などと聞いてしまっては、せっかくコーヒーブレイクでゆったりしていた気分を、重くさせてしまいます。さらに、「何だこの人?」と、私に対してもマイナスのイメージをもたれかねません。

お客さまが感じるであろうプラスとマイナスの言葉をよく考え、言葉尻を少し変えてみる、あるいは同じことでもいい方を変える必要があるというわけです。この少しの気遣いで、相手が受ける印象が大きく変わってくるということは、第二章でもお話しした通りです。

このように、プラスの言葉を使うことによって、お客さまに少しでも喜びや安心感をもってもらえれば、それだけ相手にも、私を身近に感じてもらえるようになるのです。

また、お客さまが感じる「自分のことを気にかけていてくれた」という気持ちは、「パーソナルなサービスをしてくれている」という気持ちへつながることに。オーダーメイドのサービスをするためには、お客さま一人ひとりをよく見ることが大切ですし、さらに「見ていますよ」と、さりげなく伝えることが重要になってくるのだと思います。

お客さまと一緒に悩んで考える

一人ひとりのお客さまに合った接客を考えたとき、私はお客さまから、もっともっとたくさんのことを教えてもらいたいといつも思っています。そこでたとえば、私がマンションの販売員だったとしたら、どのように接するだろうか――。こういったシチュエーションでちょっと考えてみたいと思います。

まず、モデルルームにきてくださった方に、最初の段階ではあえて部屋のご案内はしないでしょう。きっと、どこのモデルルームでも事前に簡単なアンケートや質問票などは書いてもらうでしょうから、私がまず行うことは、お客さまの現状や気持ちなどについて話を聞かせてもらうことです。

年齢や家族構成、今どんなところに住んでいて、家賃はいくらか、マンションを買う気持ちはどれぐらい固まっていて、どういった希望があるのか……。こういったことは、ただアンケートに書いてもらうより、じっくりお話を聞いたほうが、より詳細に教えていただけます。そして、

「今住んでいるところが、毎月家賃〇万円でしたら、一年でこれくらいになりますね。これだけの金額を、毎年捨てているのと同じだと考えると、ちょっともったいないかもしれません」

このように先方の現状を一緒に考え、ではそこからどういったやり方があるのか、答えを見つけていきます。

こういったとき、お客さまの話を聞くことはもちろん、私自身やほかのお客さま、友人などから聞いた体験談をお話しすることで、より選択の幅を広げられるようにします。いくらマンションを買ってもらいたいからといって、私がお客さまの選択肢を「このマンションを買う」という方向に勝手にもっていってしまっては、本当に満足してはもらえなくなるからです。

お客さまには、「このマンションを買う」「ほかのマンションを買う」「一軒家を買う」「今はまだ買わない」といった、いろいろな選択肢のなかから、本当に納得して買っていただきたい。そのため、ときには自分が売るマンションを買わないようにすすめることもあるでしょう。

たとえば、

「実は、私の母親は身体が弱くて……将来的には両親と同居することを考えているんです」

という方には、

「では、このマンションでは将来、手狭になってしまいますね。二世帯住宅用の一軒家を考えたほうがいいのではないですか？　ご両親にもそのことを伝えれば、今の予算に少し援助してくれるかもしれませんよ」

などと答えるでしょうし、お話を聞いているうちに、「ローンは組めそうだけど、これからの生活を考えるとちょっと不安だな。だいぶ若いご夫婦だし、今はまだ買う時期ではないような気がする」と感じるのならば、素直に「今はまだ、やめておいたほうがいいのでは」とお伝えするでしょう。

今ある希望や不安、これからの人生計画などを話していただき、一緒に悩んで考える。こういったやり取りは、商売の垣根を越えて、ある種の人生相談のようなものかもしれません。

しかし、マンションや一軒家を買うということは、その人にとって一生の買い物になる人生の重要な分岐点です。あらゆることを教えていただき、お客さま一人ひとりに寄り添った接客こそが求められるのです。

このように、「お客さまからいろんなことを話してほしい」という気持ちは、新幹線でワゴン販売をしているときにも常にもっています。もちろん、マンションや家を買っていただくのと、お弁当や飲み物を買っていただくのとでは、金額も重みもまったく違います。

ただ、「お客さまに寄り添った接客をしたい」という気持ちは、何を売っていても同じこと。だからこそ、自然に「もっとお客さまのことを知りたい。もっといろいろ話してほしい」と考えるようになるのです。

作り物ではない笑顔を見せると

第二章で、話し方や声の出し方、手や身振りの使い方などをお話ししましたが、私はワゴン販売での経験を重ねるうちに、お客さまの表情、そして自分の表情もとても大切なものなのだなと感じるようになってきました。

前著『買わねぐていいんだ。』(インフォレスト　二〇一〇年)のあとがきで、私は「新幹線で出会うお客さまの表情にはさまざまなものがあり、私はもっともっとたくさんの表情に出会いたい」という趣旨のことを書きました。それは、笑顔はもちろんのこと、悲しい顔や緊張した顔、のんびりとした表情……。お客さまのさまざまな表情を、私に見せてほしいと思っていたからです。

ですがその後、ただお客さまから「表情」を見せてもらうだけではなく、私からもお客さまに何かしらの「表情」を見せることができるのではないか。そしてそれによって、お客さまの気持ちを変えることもできるのではないかと、思うようになってきました。

私はワゴン販売をしているときに、いつもニコニコの笑顔になっています。これはいわゆる営業スマイルという作り笑いではなく、本当に楽しいことをしているからこそ、いつの間にか出てしまう笑顔です。

人間は本当に楽しいことをしているときは、自然と笑顔になってしまうもの。試しに、一番楽しいこと（たとえば、仕事で大きなプロジェクトが大成功で終わったあとの打ち上げ、子供と一緒に行く遊園地、趣味のゴルフでコースを回っているときなど）を想像してみてください。きっと自然と笑顔になってくるはずです。

しかも、嬉しいことに私の仕事中の笑顔は、いわば「お客さまからいただいた表情」です。お客さまとのやり取りから「楽しい」という感情をいただき、そこから生まれる表情なのだと思います。

思い返せば、私はいつもお客さまから「表情」をいただいてばかりでした。だからこそ、ときには私のほうからお客さまへ「表情」を、それも笑顔を差し上げたい。今まで無意識に出していた表情へもっと意識を向け、お客さまが私の顔を見てつい笑ってしまったり、ホッと安心できるような表情になれたら……お客さまへそういった顔を向けられるようになりたいと思っています。

皆さんの周りにも、「この人の顔を見ると、つい心が和んでしまうなあ」「いつも笑顔のあの人と会うと、元気をもらえてこちらまで笑顔になってしまう」という人がいるのではないでしょうか。

このように本当の笑顔のキャッチボール、「表情」のやり取りができるようになれば、さらに優れたオーダーメイドのサービスができるようになるのではないか……。そう考えて、いつもワゴン販売をしているのです。

オーダーメイドの気遣いとは

この章の副題にもなっている「オーダーメイド」の接客というのは、一見するととても難しいことのように思えるかもしれません。一人のお客さまとじっくり向き合うような仕事なら話は別ですが、ワゴン販売やほかの販売業などですと、「一人ひとりに、そんなことをしている時間はとれない」と思う人もいるでしょう。

また、「オーダーメイド」というと、スーツや家具などの特注をイメージして、「お金をかけた高いサービス」が求められると思ってしまうかもしれません。

しかし、この「オーダーメイド」は、お客さまのことをよく見て、自分の家族へ向けるのと同じような「当たり前」の気遣いをもっていれば、自然とできることなのです。

たとえば、自分の家族の誰かが具合が悪そうにしていれば、「大丈夫?」と声をかけて薬を飲ませるなり、病院へ連れていくなりするでしょう。そういった気遣いや優しさを、お客さまにも向ければいいだけなのです。

よく冬になると、東京の大学を受験するため、たくさんの受験生が新幹線に乗車します。

そういったときに私は後輩へこう教えます。

「受験生らしいお客さまの前では、物を落としたり、落ちた、滑るといった言葉を使わないよう気をつけてね。一番、敏感な時期だろうから」

もちろん、こういったことは通常のマニュアルにはありません。しかし家族に受験生がいれば、当たり前に気遣うことでしょう。

このケースでは、まず前提としてお客さまをよく見て、受験生らしきお客さまがいることを把握しなければいけません。

「あれ？　あのお客さまは参考書を読んでいるし、少し緊張しているような顔だから、もしかしたら受験生かな？」

このように気づいたら、先ほどのような気遣いはしながらも、話しかけられそうな雰囲気のお客さまには「がんばってきてね」とエールを送ることも。

また受験生の付き添いで、親が同乗されている場合もあります。そういったときは、「一緒に大学に行くのかな。お母さんじゃなくお父さんが付き添っているんだ。お母さんは仕事かな？」などと想像してみます。そしてつい、お客さまに聞いてみることもあります。

「息子さん受験に行かれるんですか？　お父さんが付き添いなんですね」

「んだ！　うちの母ちゃん方向音痴で、東京は全然分からないんだよ〜。こいつは東京初めてだし、しょうがないから俺がついてきたんだ」

こういうやり取りをしながら、今度はご両親の気持ちを想像します。

「ご両親は息子さんに希望する大学へ入ってもらいたいんだろうなあ。でも、合格して一人で東京に出すのは不安だろうし、今まで一緒に暮らしていたぶん、離れるのは寂しい気持ちもあるだろう」

こうしてお客さまと向かい合い、想像することで、また新たな気遣いが生まれもします。新幹線のなかはあくまで移動の時間。ですが、こんなちょっとした時間でも、「いってらっしゃい。がんばってね」と背中を押してあげることができればという思いが、私にはあるのです。

販売員のなかには、「学生はお金がないから、きっと何も買ってくれないだろう」と素通りする人もいるようです。また、すべてのお客さまをきちんと見ようという気持ちがなければ、たとえ一〇回通っても、そこに受験生らしいお客さまがいるということさえ気づかないかもしれません。

しかし私は、買うか買わないかは関係なく、どんなお客さまにも心地好くいてもらいたいと考えています。

当然のことですが、お客さまは一人ひとり違いますし、性格や希望も人それぞれ。そのお客さまをよく見て、その人に合った気遣いをすれば、それが心地好さにつながり、「オーダーメイドの接客」になるのだと思います。

ときには涙するほど心寄り添う

日々、たくさんのお客さまに会うなかで、一度きりの出会いがとても印象的だったものがいくつかあります。また、さらに一度の出会いがその後、想像もつかないところでつながることも……。

ある日、いつものようにワゴン販売に回っていて、一人のお客さまの様子がおかしいことに気づきました。そのお客さまは五〇代の男性で、最初は「日本酒をください」とお買い上げいただいたのですが、その飲み方がどこか投げやりで、尋常でない雰囲気があったのです。

そして再び、そのお客さまの前を通ったとき、またお声がかかりました。

「おねえさん、日本酒二本。酒を置いてってってくれ！」

私はその様子に心配になり、つい、こう、山形弁で声をかけたのです……。

「お客さん、なんかしたが？」

この一言で、お客さまは糸が切れたように泣き崩れ、話しだしました。

「俺の息子が危篤《きとく》でよ。今から横浜の病院に行くんだ。もう無理みたいでさ……。どうしたらいいか分からなくて。飲むしかねえんだ」

その話を聞いた瞬間、私のなかでさまざまなことがよぎりました。

「このお客さまの息子さんなら、きっと私と同じ年ぐらいだろう。自分より先に子供が逝《い》ってしまうなんて、どれだけ悲しいか……。どんな気持ちでお酒を飲んでいたんだろう。どんな気持ちで新幹線に乗っているんだろう」

こうお客さまのことを想像すると慰めの言葉もいえずに、お客さまと一緒になってワーッと泣いてしまったのです。

もちろん、仕事中なのでずっとそばにいることはできませんでしたが、そのお客さまの前を通るたびに一緒に泣き、何もいえずに「またくるから」とだけ声をかけ続けたことを憶えています。また、お客さまのお顔やそのときの状況などは、その後も記憶に残っていました。

そしてその後、いつものワゴン販売中に偶然、このお客さまと再会することができたのです。数年前に一度お会いしたきりなのに、お互い一瞬で「あっ！」と気づくことができ、そのことにも大変驚きました。

お客さまはあのときとはだいぶ変わっており、ビシッとスーツを着込んだビジネスマン姿

日本各地で行い、たくさんの出会いが生まれる講演会。お客さまから学ぶことも多い

で、息子さんの死からもだいぶ立ち直っているようでした。

私は前著のなかで、このお客さまとのエピソードについて触れていました。また、お客さまはちょうど同じ頃に、偶然テレビに私が出演しているのを見て、「あのときの販売員さんだ！　まだがんばっていたんだな」と思い出してくださったそうです。このように、偶然にも良いタイミングで再会することができ、あの日のその後のことや、近況などをお話ししたのです。

これだけでも、お客さまの心に寄り添ったことでお互いの記憶に残った、印象的な出会いと再会ですが、このお客さまとのつながりは、これで終わりではありませんでした。

新幹線のなかで「元気でね」と別れてから

三日後。私は地元の山形県天童市で講演会に呼ばれ会場へと向かいました。知った顔も並ぶ地元での講演に、やや緊張しながら壇上へ上がると……何と最前列にそのお客さまが座っていたのです。再会のあとにインターネットで私のことを調べ、地元で講演会があると知り駆けつけてくれたのでした。

講演会の最後にどうしても、この偶然の出会い、そしてそこから生まれたつながりをお話ししたく、お客さまを紹介して皆さんに説明を……。

その方は会場の皆さんに、「あのとき、自分は酒に溺れるしかなくて。でも久美子さんが優しくしてくれて、なぜだか分からないけど、全部話してしまったんです」と話してくださいました。また本にご自分とのことが載っているということは知らなかったそうで、そのことに「今日はびっくりさせようと思ってきたけど、逆にびっくりさせられた」と涙を流して喜んでくれたのです。

ただ一度の新幹線のなかでの出会いが、ここまで大きなつながりになったということに、不思議なものを感じます。もしあのとき、お客さまの心に寄り添う気持ちがなければ、そして「なんかしたが？」と声をかけなければ、こういったことにはならなかったでしょう。

お客さまと向かい合い、心に寄り添うということは、楽しいばかりでなくとても気が重いときもあります。しかし、寄り添うことにこそ意味があり、それが人と人とのつながりを生むのだと、この出来事を通して感じることができたのです。

寄り添い方は人によって変わる

また、こんなこともありました。亡くなられた常連さんの奥様と息子さんのエピソードです。よく乗車されていたお客さまが突然亡くなり、同じく常連さんだった奥様と新幹線のなかで、一緒に泣いてしまったことがありました。

この奥様はご主人亡きあと、息子さんと力を合わせて経営していた会社を切り盛りしてきたそうです。出張のときなど、たまに新幹線でお会いすることもあり、その後もよく話をさせていただいていました。

私が講演会やテレビ・新聞等の取材を受けていることもご存知で、いつもお会いすると、「身体に気をつけてね」などといってくださいます。私は、息子さんと同年代ということもあって、この奥様に「優しいお母さん」といったイメージを抱いています。

この奥様とのエピソードも前著で触れ、出版後にお会いしたときにはすぐに駆け寄っていって、「これ、よかったら読んでけろ」と本を渡すことに。何となく、母親のように喜んで褒《ほ》めてくれるのではないかという気持ちがあり、照れながらもプレゼントしたのです。

次にお会いしたときには、「本読んだよ！　あんなふうに書いてくれて、ありがとうね。

実は亡くなった主人も本を出していて、今度送るから」といってくださり、その後、本をいただきました。

このように、同じ状況にあっても、お客さまによって歩み寄り方はそれぞれ異なります。お母さんへ甘えさせてもらうような気持ちでお客さまと接することもあれば、別のお客さまは父親のように感じたり。あるいはビジネスの先輩として、いろいろ勉強になるお話をしてくださる方もいます。

また、お客さまが私のことをどう感じるかも、人によって変わってくるのでしょう。「娘のようだ」と思ってくださる方もいれば、「おねえさん」「友達」などとらえ方はさまざま。ただ、お客さまの心に、少しでも茂木久美子の存在を置いていただければ、これほど嬉しいことはありません。

常連のお客さまはもちろんですが、初めてお会いする方にも、「どうやって身近に感じてもらったらいいだろうか」「どのようにして相手の心を開かせていったらいいか」ということを考えながら、その人ごとに合った接し方を模索《もさく》します。

グッと心の奥に入っていくことで、ご自分のことを話してくださる方もいるでしょう。また、ある程度の距離感が心地好いという方もいるかもしれません。相手の年齢や職業、性格、そのときの状況……あらゆる要素によって、お客さまの心への寄り添い方は変わってきます。

私も、「今日は出しゃばりすぎちゃったかもしれない」「あのときは、ちょっと空気を読めてなかったかな」と反省することがよくあります。

しかし、誰に対しても同じような対応をしていては、お客さまが心を開いてくれることはありません。失敗しながらでも、それぞれのお客さまに添った歩み寄り方を考えていくことが大切なのではないでしょうか。

敬語のもつ意外な弱点

ところでお客さまとの会話の際、私は人によって、もしくは状況次第で、あえて標準語での敬語を使わないことがあります。それは、敬語ではなく自分らしい言葉でご案内することによって、より相手に近づくことができるからです。

また、第二章では山形弁を使うことで、お客さまの意識をこちらへ向かわせることができるとお話ししましたが、さらに方言には人の心を開かせる力もあるようです。

私は現在、チーフインストラクターという役職にあるので、もちろん接客の際の敬語や言葉遣いのマニュアルはマスターしています。そうでなければ、後輩に正しい指導をすることはできないからです。しかし、基本は押さえたうえで、方言を使い標準語での敬語を使わないということをするのです。

たとえば、先ほどお話しした、息子さんを亡くされた方のエピソードでも、最初に声をおかけする際に、「お客さん、なんかしたが？」ではなく、「お客さま、いかがなさいましたか？」と話しかけていたら、もしかするとお客さまは心を開いてお話をしてはくれなかったかもしれません。やはり、敬語はどこか距離を置いたようなイメージがあります。

そのときに意識して敬語を使わなかったわけではありませんが、本当に心配で自分の心のままに声をかけるときには、つい敬語ではなくなってしまうもの。しかし、だからこそ、よりお客さまの心に響くということがあるのでしょう。

また、山形名産の牛肉弁当の説明をするときに、皆さんなら次のどちらのほうがおいしそうだと感じるでしょうか。

「こちら、大変おすすめでございます」

「このお弁当、すんげえうめえんだず」

やはり、敬語や標準語でご案内するよりも、山形弁で情感豊かにお伝えするほうがよりおいしさが伝わりやすいのではないでしょうか。また、ご当地の商品説明はご当地の言葉で……そんな楽しさも味わっていただけるのではないかと思います。

こういったことは、私が「もっとお客さまと心の距離を縮めたい、自分の思いを上手に伝えたい」と思ったときに、自然と出てくるものです。もちろん、仕事をするうえでマニュアルは大切ですが、ときにはマニュアルを超えて、自分の本当の言葉でお客さまと接することも必要なのではないでしょうか。

そして私の場合、それが方言になったり、敬語や標準語を使わない話し方になるのです。礼儀正しく、お客さまに失礼のない敬語が、場合によっては冷たい響きに聞こえてしまうこともある。とくに、お子さまや年配のお客さまだと、どこかツンケンした近寄りがたい印象を受けてしまわれるようです。

ですから、「どうしたらお客さまが喜んでくれるか」を第一に考えると、自然と方言や敬語を使わないご案内が出てきてしまう。こういった、お客さまによって言葉のかけ方を変えるということも、オーダーメイドのサービスにはプラスになるのです。

お客さまの「色」は十人十色

私が日頃から思っているのが、「お客さまにはそれぞれ、そのときの感情や気分によって表れる『色』があり、私はいつでもその色に染まりたい」ということです。

嬉しい、楽しいときはフワフワしたピンク色、お葬式に行く方は悲しみの黒、友達とワイワイ行く旅行のグループは弾けるような黄色……。それぞれのお客さまには色があり、私もその色に染まることで、もっと近づくことができる、そう考えています。

この「色」は、本当に人によってそれぞれ異なっており、同じ「お葬式に行かれるお客さま」でも、人によって悲しみの色合いは違ってきます。

一人の常連の方とお会いしたときのことです。そのお客さまには、ずっとお仕事で新幹線をご利用いただいていたのですが、定年を迎えられしばらくお顔を拝見していませんでした。そして久しぶりにお会いできた喜びで、こう話しかけたのです。

「お久しぶりです。お元気でしたかー」

「いやー、茂木さん大活躍だね。出版した本も読んだよ」

「うわあ、ありがとうございます。何だか恥ずかしいなあ。ところで、今日はどこまで行くの？」

「うん、ちょっと鹿児島までね」

「あら、旅行ですか？　いいですねえ」

「実は兄弟が亡くなって、今から葬式なんだ……」

そして、しみじみとしたように、こうおっしゃったのです。

「本当に、新幹線にはいろいろな想いが詰まっているんだね」

そのお客さまは喪服を着ていたわけではなく、一見すると旅行に行かれるような雰囲気でした。

　しかし実は、心の中には肉親を亡くされた悲しみが溢《あふ》れていたのでしょう。周りのお客さまにもそれぞれの気持ちがあり、口には出さずともたくさんの想いが新幹線という場には詰まっているのだと、つくづく感じられたようです。そして次に回ったときには、「よし、ビールを買おう」といってくださりました。

　このように書くと、息子さんを亡くされたお客さまと同じように、やはり飲まなければやっていられないのだろうな……と思われる方もいるかもしれません。しかし、同じように肉親を亡くされた方でも、こちらのお客さまはどこか悲しみを乗り越えられたような様子で、「酒でも飲んで、明るく見送ってやろう」といった雰囲気でした。投げやりな気持ちではなく、しみじみと悲しみを飲み込んでいるように見えたのです。

　このように、同じような状況のお客さまでも、その「色」は本当に十人十色。接してみて初めて、そのお客さまがどのような気持ちでいるのかが分かるのです。

お客さまの「色」の変化を楽しむ

　前項でお客さまにはさまざまな「色」がある、とお話ししましたが、この「色」はさらに新幹線のなかで、その方の前を通るたびに変化していくものでもあります。

先ほどのお客さまでも、最初は再会できた喜び、次にはお葬式へ向かう悲しみ、そしてビールを飲んでどこか乗り越えたような前向きな気持ち……と、お会いするたびにお気持ちは変化しているようでした。当たり前のことですが、人間の感情は常に揺れ動いているもの。最初は笑っていたのに、次には泣いているということもあるでしょう。

新幹線の車内販売でより多く回るということは、もちろん売り上げアップという目的もあります。しかし、回るたびにお客さまの気持ちは変化し、それによってご希望も変わってくるからこそ、「少しでも多くお客さまに会いたい。そしてご希望に添えるようにしたい」と私は思うのです。

今欲しくなくても、あとで欲しくなるかもしれない。その変化に気づくためには、お客さまの気持ちを敏感に察することが大切になります。念頭に「買ってもらいたい」という気持ちがあるわけではありませんが、やはり、相手の気持ちを第一に考えていると、自然と「買いたいとき」が分かるようになるものです。

また私が声をおかけすることで、刻々と変化するお客さまの気持ちに少しでも良き変化を与えることができれば……という思いもあります。悲しい気持ちを見せてくれるのであれば、その気持ちに寄り添いながらも、少しでも元気になっていただける一言を。仲間との旅行で楽しい気分のときには、より盛り上がるような情報を。

一つの「色」に、ほんの一言をプラスすることで、その「色」がどう変化していくのか。私はそれを楽しみにしていますし、きっと自分の一言で変えることができるとも思うのです。

このように、本当の「オーダーメイド」とは、一人ひとりに寄り添うだけでなく、そのとき、そのときのお客さまの変化にも、対応しなければならないものなのです。

第四章　効率化——「必殺技」で人の五倍

効率的に売る下準備の秘密

販売の仕事をしていると、あらゆる点での効率化が売り上げに大きな差をもたらすことが分かってきます。時間的な効率はもちろん、売り場スペースや、いかに素早く「買っていただけるお客さまを見つけるか」も、工夫によって効率化することができます。

第一に、ワゴン販売のようなとても小さな売り場の場合、いかに商品を陳列するかといったスペースの効率化が重要になってきます。

私が乗務している山形新幹線「つばさ」では、長さ約一メートル、幅約四〇センチのワゴンを使用しています。ワゴンの大きさは、新幹線の車種によって異なってきますが、通称「ミニ新幹線」と呼ばれている山形新幹線では、ほかの新幹線に比べワゴンのサイズも細長くなっています。

このなかに、いかにお客さまの希望に添った商品を隙間なくたくさん積めるかが、売り上げを左右するカギとなるのです。

よく「どの販売員さんのワゴンも同じ品揃えなのでは?」と聞かれることがあります。しかし、実はワゴンの中身はそれぞれの販売員が「どういったものが売れるか、どれぐらいの量を持っていけばよいか」といったことを考えながら積み込んでいるのです。コーヒーや冷

東京駅の商品倉庫。どの商品をどれだけ新幹線に積み込むかは各販売員の裁量に任されている

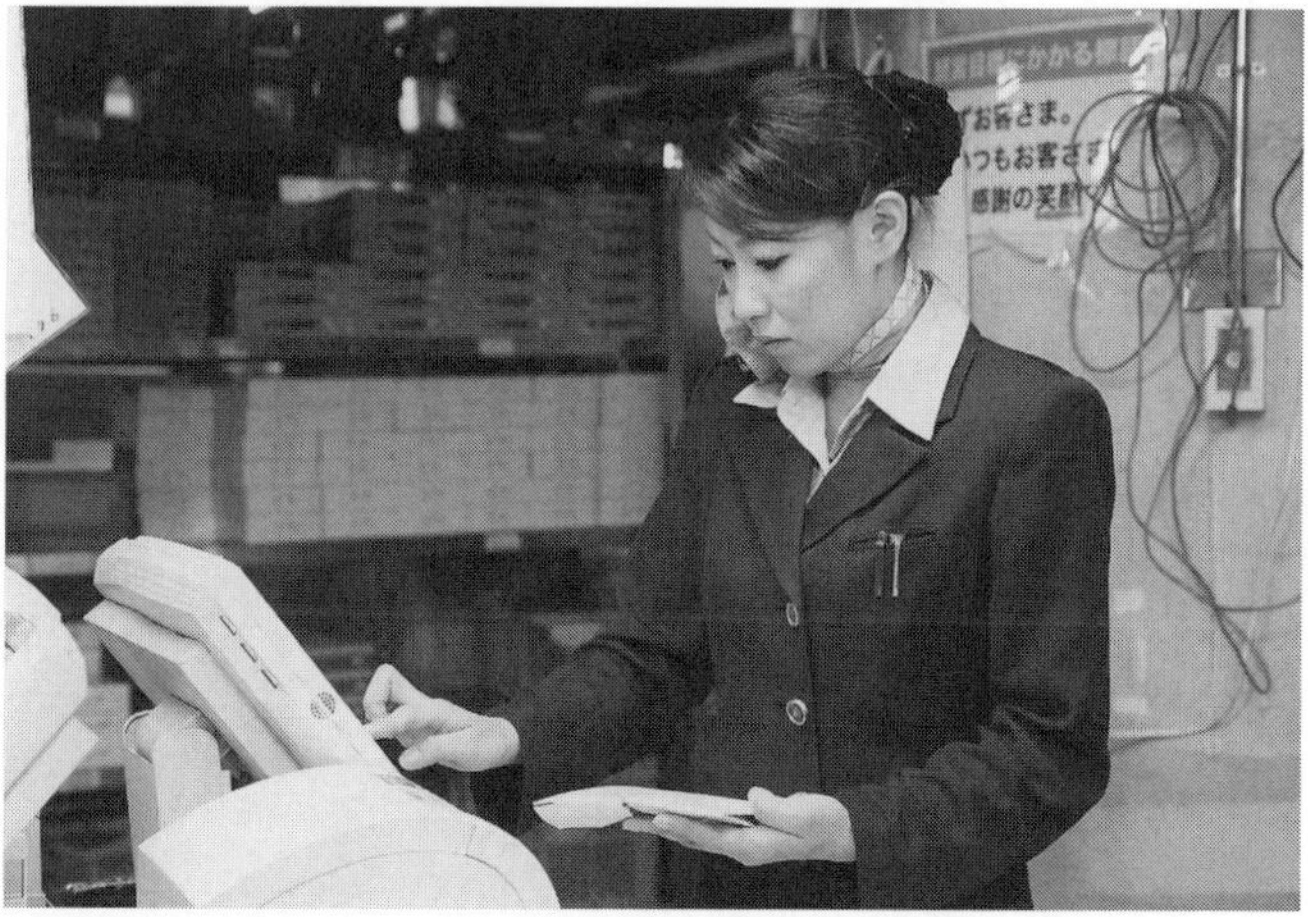

積み込む商品を登録しながら、１日をイメージする

たい飲み物、お弁当、お菓子、お土産《みやげ》など、必ず積み込む定番商品もありますが、どの商品を何個積むか、その采配も自分自身でしないといけません。

そのため、予想外に売れ行きの良い物があっても、新幹線のなかに積み込んでいなければ、「申し訳ありません、本日は売り切れてしまいました」とお断りするしかありません。

しかし、これでは大切な販売チャンスをみすみす逃すことになってしまいます。どのような商品をどれぐらい積み込むかを鋭く見極める……まさに販売員一人ひとりが、仕入れから売り上げまでを管理しなければならない「店長」なのです。

なお、新幹線に乗り込むまでの流れは次のようになっています。

まず、制服に着替えた販売員は、商品倉庫へ行きワゴンに積む商品を選びます。そして棚に並んだ商品をカゴへ入れ、スーパーマーケットのレジのような機械で、自分が選んだ商品を登録していきます。

その後、最初にワゴンに積み込んでおく商品を選別し、積み込み作業をします。「お客さまが見やすいか、取りやすいか」を一番に考え、商品を入れる位置を工夫するのです。

その日の客層などを予想しながら作っていく最初の陳列は、ワゴン販売の「スタートダッシュ」のようなもの。これを間違えてしまうと、新幹線に乗り込み客層を把握してから、商品の配置を変えなくてはいけなくなり、時間のロスになってしまうのです。

次に、ワゴンに載り切らない補充用の商品を台車に載せます。「品切れになってしまっては嫌だから」といってたくさん商品を積み込んでも、あまり売れずに持って帰ってきてしまっては、ほかの販売員に「あんなに売れ残って」と思われ、恥ずかしい思いをしてしまいます。

また、お弁当やサンドイッチなど賞味期限の短いものは、売れ残っただけ会社の損になってしまいます。とりわけお弁当は単価が高い商品です。ですから、これらの数の見極めは慎重に行わないといけません。

最後に、コーヒーカップなどの備品をチェックして、ホームへ向かいます。補充の商品を積んだ台車は各販売員についた輸送担当者が運び、新幹線がホームに止まっているわずかな時間内で、車内の倉庫へと一気に運び入れます。

もちろん、新幹線に乗ってからの効率化も大切ですが、より早く適切に商品を売るためには、こうした乗務前の下準備が必要になってくるのです。

ワゴンのなかは小さなコンビニ

食べ物や飲み物、お土産に新幹線のオリジナルグッズなど、さまざまな商品が積み込まれているワゴン。一般の人は、このワゴンのなかに商品がどのように入っているのか、じっくり見る機会はないと思います。しかしスペースが限られた「売り場」であるワゴンのなかには、「場所の効率化」のための工夫を随所に見ることができます。

　では、どのような工夫を凝らして、この小さな「売り場」に商品を陳列しているのか。それを詳しく説明していきましょう。

　まず一番下の段には、お茶やジュース、ミネラルウォーター、ビールなどの冷たい飲み物が積んであります。飲み物は重いため、ワゴンの重心を低くし安定させるために一番下に配置するわけです。また、座っているお客さまが覗き込んで見やすいようにもなっています。

　商品はよく冷えたものを積んでいますが、袋に入れた氷を飲み物の上に載せることで、視覚的に「よく冷えていますよ」とアピールするといった工夫もしています。

　次に真ん中の段には、手前からホットコーヒーの入った魔法瓶。お渡しするときに氷を入れるなどの作業が必要な、アイスコーヒーやウイスキー。そして数種類のお弁当が積んであります。ホットコーヒーはよく売れる商品ですし、やけどの危険があるので、私が作業しやすいこの位置に入れてあります。

　そして一番上の段には、サイズの大きなお土産。お土産のパッケージ面は、お客さまが見やすいように、左右正面にそれぞれ向けてあります。このように高い位置に商品を並べて見やすくすることで、「こんなお土産を売っていますよ」といったアピールにもなります。商

スペースに限りのあるワゴン販売。この小さな店舗には、たくさんの工夫が詰め込まれている

品のパッケージが、広告の役割も果たすのです。

東京から山形へ向かうときは「東京ばな奈」や「崎陽軒《きようけん》のシウマイ」など東京のお土産を。山形から東京へ向かうときは「ミルクケーキ」や「くぢら餅」など、山形のお土産を積んでいます。

ワゴン正面のカゴには、上の段におつまみ、下の段にワインや、子供用のお菓子など。子供の目線は大人より低いので、お菓子は下の段に入れるようにしています。

このほかにも、アイスクリームを入れた保冷ボックスや、新幹線オリジナルグッズやおもちゃを入れた袋などが、ワゴンの前後にぶら下がっています。

これらの商品構成は、乗務する時期や曜日、時間などあらゆる要素によって変わっていきます。どう変えていくかは各販売員の裁量次第。この陳列に、それぞれの販売員の考え方や個性が表れているのです。

ちなみに、すべての商品が入ったワゴンの総重量は、何と一二〇キログラム以上！　ワゴンのなかは、たくさんの商品と販売員の工夫が詰め込まれた、まさに「小さなコンビニ」なのです。

もし皆さんが新幹線に乗る機会がありましたら、「この販売員さんは、どんな陳列をしているのかな？」と、一度じっくりワゴンを覗いてみると面白いかもしれません。

「欲しいとき」を逃さないコツ

ワゴン販売をしていて、私がいつも念頭に置いていることは、「お客さまが欲しい商品を、欲しいときにお届けする」ということです。

お客さまが「ホットコーヒーをください」とおっしゃったときにコーヒーを切らしてしまっていては、いくら「あとでお持ちします」といっても「次の駅で降りるから、もういらない」というようなことになってしまう。お客さまが「今、欲しい商品」は、五分後には「欲しくない商品」になっているかもしれないのです。

このようなとき、私は「次に回ってきたときにお持ちします」ではなく、「いますぐお持ちします」というようにしています。一周してから倉庫で補充して、再度うかがっていては、その方がまだ降りずに座席にいらっしゃるかどうかさえ分かりません。もしお客さまが待っていてくださるのであれば、すぐに倉庫へ引き返すようにしています。

しかし、本当にベストなのは、お客さまが欲しい商品を常に切らさずに、その場でご提供すること。すぐにご提供できれば倉庫へ戻る時間も必要ありません。

そして、何よりも「販売員が倉庫まで取りに行くのを待つ時間」は販売員だけの時間ではなく、「お客さまの大切な時間」です。自分の時間を効率化することばかりを考えるのではなく、「お客さまの時間をいただいているのだ」という意識をもつことで、より時間の大切さを感じることができるようになります。

このように「時間の効率化」を考えることが、結果としてお客さまの満足にもつながるのではないでしょうか。

また、時間の効率化のためには、第一に積み込む商品の見極めが重要になってきます。まったく売れない商品ばかりがワゴンを占め、よく売れる商品が足りないようでは意味がありません。この、積み込む商品の見極めは、先ほどお話しした乗務前の倉庫での積み込みが、まず重要になります。

では、どういったことを考慮しながら、その日に積み込む商品の見極めをしているのか。私が普段から注意している、いくつかのポイントをご紹介します。

〈季節〉

夏は冷たい飲み物やアイスクリーム、冬はホットコーヒーや温められるお弁当など。季節によってメインとなる商品は変わっていきます。季節は一日ごとに大きく変化するものではないので、ある程度の見極めは簡単です。

しかし、真冬は新幹線のなかがとても暖かいので、反対に冷たいアイスクリームが食べたくなった……といった方もいらっしゃいます。このように、あまり画一的に商品を選んでいては、お客さまの要望にお応えできなくなってしまう場合もあるのです。

〈曜日〉

月曜日から金曜日のウィークデーは、やはり仕事での出張などのビジネスマンや、年配の旅行者が多くいらっしゃいますし、土日祝日は家族連れや学生さんなどが多くなります。

たとえばビジネスマンのお客さまが、「会社へのお土産に」と買われるときは、小分けされているお菓子をおすすめするのが良いようです。反対にご家族連れが旅行の帰りに買うお土産は、「家に帰ってすぐ食べたいから」と、お弁当やシウマイなどを買っていかれる場合がよくあります。

このように、同じお土産を積むのでも、曜日によって商品選びを変えていかなければ、ときとして見当違いな陳列になってしまうこともあります。

〈時間〉

山形新幹線は片道約三時間半、往復で七時間ほどの乗務になります。この七時間で、客層や車内の雰囲気が、驚くほど変わっていくのです。

曜日によっても違いますが、早朝と夜は眠っているお客さまが多く、静かな雰囲気になります。上りの新幹線では山形駅や福島駅で一気に乗客数が増え、賑《にぎ》やかな雰囲気に変わったりもします。ですから、車内でもワゴンに積み込む商品を替えることができるよう、今日は何時から何時までの乗務かを念頭に置き、補充用の商品を選ばなくてはいけません。

〈天気〉

私は毎日、家を出るときに、その日の気温や天候を前日と比べるように習慣づけていま す。もちろん天気予報は毎日チェックしていますが、予報の気温よりも自分の感覚のほうが大切です。肌で感じる「暑い」「寒い」や、「日差しが強い」「曇り空」といった変化は、お客さまの無意識の商品選びに影響してくるからです。

「最高気温は昨日と同じだと天気予報でいっていたけれど、曇り空だから昨日よりずいぶん肌寒く感じるな」と思えば、温かい商品を多めに積む。このように、天気や気温が影響してくる人間の「感覚」の部分も、商品選びの参考にするようにしています。

〈イベントなど〉

お祭りやコンサートなど、それぞれの地域で行われるイベントや、ゴールデンウィーク、お盆などの連休によっても、客層や座席の混み具合が変わってきます。

たとえば山形の桜が見頃な季節や、山形名産のフルーツが食べ頃な時期は、ツアーの団体で乗車される方が多くなります。また、大型連休にはよく「新幹線の乗車率が二〇〇パーセント」などといったニュースが流れます。この時期にはさぞよく売れるだろうと思われる方が多いでしょう。

しかし、あまりお客さまが多すぎると、ワゴンが通路を通ることができず、思うように販売に回ることができなくなってしまいます。こういった時期には、ワゴンを使わずにカゴや袋に入れて回ることのできる商品を多めに選ぶようにしています。

このほかにも、「選挙の時期には乗車するお客さまが減る」という俗説が、販売員のあいだではよく知られています。不思議なことなのですが、選挙期間中は、皆さんあまり地元から離れなくなるようです。

こういった、季節・時間・人の流れなどを敏感に読み取りながら、あらゆる要素を総合的に判断してワゴンの陳列を変化させていく。ワゴン販売の仕事は新幹線という「密室」での販売になりますから、とくにこのような見極めが重要になってきます。

しかし、お客さまの「欲しい物」と「欲しいとき」を敏感に見極め、「欲しい商品を探す時間」や、「商品を倉庫に取りに行く（取り寄せる）時間」のロスを最小限にすることは、あらゆる仕事に必要なことです。

広い店舗をもつ販売業でも、曜日や時間によってフレキシブルに陳列を変えるなど、ちょっとした工夫をすることも可能だからです。

列車内でもワゴンは変化する

前項では、新幹線に乗るまでの商品の見極めについてお話ししました。

しかしワゴンのなかは、新幹線に乗ったあとも変化していきます。陳列する位置や商品の種類を変えるなどの工夫を常にする。このように、新幹線のなかでも客層を把握しながら陳列を調整することで、より的確に無駄なくお客さまの「欲しい物」をご提供できるようになります。

乗務前の倉庫での商品選びも重要ですが、新幹線に乗ってから初めて、自分の商品選びの予想が「当たり」だったか「はずれ」だったかが分かるのです。そして、「はずれ」だったときに、いかに臨機応変に商品を替えていくかが、効率良く売り上げをあげるポイントになってきます。

たとえば、「今日は連休初日だから、家族連れが多いだろう」と思い、ワゴンの前にかかっているカゴにお菓子を多めに積んでいたとします。しかし、いざ新幹線に乗ってみると、意外にもお酒を飲まれそうな社員旅行の団体客が多かった……。こういった場合、すぐにお菓子をおつまみと入れ替え、ホットコーヒーよりアルコール類を多くするなどの調整を行います。

また、お昼の時間帯であればお弁当を目立つ場所に入れたり、アイスクリームを担《かつ》いですぐお渡しできるようにしますし、夕方になればお土産やおつまみなどを多めに積むなど、時間帯で変える工夫も必要です。

場合によっては、車両ごとに陳列を変えることもあります。一周目に回ったときに、だいたいの客層は把握してありますから、

「ここは学生さんたちがたくさんいて、元気に話していた。きっとお菓子やジュースがよく売れるのではないか」

「この車両はビジネスマンが多かった。東京まではだいぶあるから、パソコンで仕事をしている人がいるだろうな。眠気覚ましにホットコーヒーはどうだろう」

といったことを想像するのです。そして、その車両に入る前に、おつまみとお菓子のカゴを上下入れ替える、ペットボトルの飲み物をいくつか目立つ場所に移す……というような、簡単な調整をすることもよくあります。

列車内においても、時間や場所によってお客さまのご要望は刻一刻と変化していきます。そのご要望を肌で感じ取り素早く対応することで、時間のロスを防ぐことができるのです。

さらに、ワゴン内のレイアウトを考えるとき、「お客さまによって商品の選び方は変わる」ということも配慮しなければなりません。

ワゴンの前方に積んであるお土産やおつまみ、お菓子といった商品は、同じ物を私の手が届く手前側にもいくつか入れておくようにしています。

もし、お客さまが「ミックスナッツください」などと買う商品が決まっている場合、私の手元にあれば、お客さまがワゴンから探し出さずとも、すぐにお出しすることができるからです。このようにすれば、「もう買いたい商品は決まっていて、一刻も早く商品が欲しい」というお客さまに、すぐ対応することができます。

反対に、「どんなおつまみがあるのか、自分でゆっくり選びたい」というお客さまのために、ワゴン前方のカゴに、全種類のおつまみを入れておくようにもしています。

このようにワゴンの目立つ位置と、自分の手元の両方に同じ商品を入れておくことで、「すぐに買いたいお客さま」にも「ワゴンを見たいお客さま」にも、対応できるようになります。こういった工夫をすることで、お客さま一人ひとりの「購買スタイル」にも対応することができるのです。

削るのは「自分の時間」から

先ほどもお話ししましたが、時間の効率化を考えるときに、「お客さまの時間をいただいている」という意識をもつことはとても大切です。それというのも私自身、「時間の効率化」を実践しようと試みたとき、まず最初に、お客さまの時間を削ろうとしてしまった痛い経験があったからです。

まだ新人の頃、お客さまから「回ってくるのが遅い！」とお叱《しか》りをいただいたことがありました。そして、少しでも急いで新幹線内を往復する回数を増やしたい、もう、このようなお叱りを受けたくない、そう思ったときに、まず私は「お客さまへのご案内を短縮しよう」と考えたのです。

ワゴン販売をしていると、「○○駅に着く時間を教えて」「お手洗いはどっちですか？」などと声をかけていただくことがよくあります。このやり取りの時間を縮めようと思った私は、ある日、一人のお客さまからお手洗いの場所を尋ねられたとき、ただ「あっちです」と指差して販売に行ってしまいました。

これでは何号車にあるのか、どれくらい離れているのかといったご案内を、きちんとできているとはいえません。すぐに「これでは失礼になってしまう」と気づき、そのお客さまの元へ戻りました。

「お客さま、ごめんなさい。前に別のお客さまから販売にくるのが遅いとお叱りをいただいてしまって……。今、少しでも早く回ろうと練習していたところだったんです。早口でご案内すればいいかと思っていたんですけど、先ほどのご案内は凄く冷たかった。申し訳ありませんでした」

こう説明をして、あらためてご案内をさせていただきました。このときのお客さまはとても優しい方で、驚きながらも「そうか、がんばってね」といっていただけたことを憶えています。

このような経験から、「お客さまの時間」を短縮することでは、相手の満足を得ることはできないのだということに気がついたのです。

では、お客さまの満足も得ながら、時間の効率化をするためにはどうしたらいいのか。私が考えたのが、「まず、自分の時間で短縮できるところを探そう」でした。そして、あらためて自分の接客態度を振り返り、思いついたのが「お釣りをお渡しする時間の短縮」だったのです。

それまで私は、商品をお渡ししてお会計をいただくまで、ただボーッと待っているだけでした。

ホットコーヒーをご注文いただいたときも、

「三〇〇円でございます」

「はい、えーっと、じゃあ一〇〇〇円で」

と、お客さまがお金を出してから、お釣り金額の計算を始めていました。

また、お釣りのお金を出す時間にも、無駄はありました。

私たち販売員は、エプロンのポケットにお金を入れて販売に回っています。左右にあるポケットは、なかでさらに二つに分かれているので、合計四つのポケットにお金を入れるようになっています。

この仕事を始めた頃、私はこの四つのポケットにお札も硬貨もごちゃ混ぜに入れていました。これでは、たとえば四〇〇円のお釣りをお渡ししようにも、ポケットのなかのお金をわしづかみにして、そのなかから一〇〇円玉を探し出す……といったように、手間がかかってしまいます。ときにはお釣りを間違えてしまい、「金銭事故」を起こしてしまうこともありました。

この、「お釣りを計算する時間」「ポケットのなかからお金を見つけ出す時間」を短縮できれば、もっとワゴン販売の往復回数を増やすことができるのではないか。時間の効率化のために、この点に目を向けたのです。

まず私は、書店で小学生用の計算ドリルを購入しました。学生時代にあまり勉強熱心ではなかったため、お釣りの暗算も速くできなかったからです。

二〇歳にもなって小学生用のドリルを買うことは、もちろんとても恥ずかしいこと。しかし、基本的な計算がしっかりできるようになれば、ただ早いだけでなくお釣りの渡し間違いもなくなり、迅速かつ確実に販売ができるようになると考えたのでした。

次に、お金を入れるポケットのなかを分別するようにしました。私は右利きのため、左側のポケットにはあまり使わない一万円札と五〇〇〇円札を、右側には頻繁《ひんぱん》に使う一〇〇〇円札を入れるようにしました。そして、硬貨も手触りで分かるように、大きさの異なる一〇〇円玉と五〇〇円玉を右側に、一〇円玉と穴のある五〇円玉を左側に入れるようにしたのです。

また、車内販売の商品は一〇円単位までの価格設定になっているため、一円玉、五円玉は必要ありません。

こうして、お客さまが財布からお金を出す前に、お返し金額の予想をしてポケットのなかでお釣りを用意しておくことができるようになりました。三〇〇円のホットコーヒーの場合、お釣りが必要になるのは、五〇〇円玉をいただいて二〇〇円のお返しか、一〇〇〇円札で七〇〇円のお返し。もしくは五〇〇〇円札、一万円札をいただいて、お札を含めたお返しになります。

そういった計算を頭のなかで瞬時に行い、右手で一〇〇円玉や五〇〇円玉、一〇〇〇円札の枚数を数えて待っている、といった具合です。

この方法にしてから、お客さまがお金を出すのと、私がお釣りをお返しするのがほぼ同時にできるようになり、時間も短縮化。それまで一度の乗務で三往復ほどしかできなかったのが、六〜七往復まで増やすことができるようになったのです。

しかも、お釣りをお渡しするまでお待たせすることもなくなり、お客さまの満足度もアップ。また、あまりにもお釣りが早く戻ってくるので、驚き喜ばれることもあります。

スーパーマーケットやコンビニエンスストアなどでお客が並んでしまい、早く会計をするために、愛想が悪くなってしまっている店員を見かけることがあります。しかし、これでは本末転倒、いくら速く作業していても、結果として誰の満足も得ることはできません。

「削るのはお客さまの時間や満足ではなく、自分の時間から探す」

このことを理解し考えれば、おのずと改善する箇所は見つかってくるのではないでしょうか。

バック販売でダブル効果を生む

もう一つ、お客さまのことを考えて生まれたテクニックがあります。それは、「バック販売」です。

通常のワゴン販売員は新幹線の進行方向に向かってでも逆方向でも、ワゴンを自分の前に置き押して歩きます。おそらく皆さんが乗車したことのある新幹線の販売員は、このように車内を回っていたのではないかと思います。

ですが私は、列車の進行方向に向かい販売するときには、後ろ向きになってワゴンを引いて歩くのです。この方法を考えついたのは、お客さまの足にワゴンの角をぶつけてしまったことがきっかけでした。

よく、通路に足を出されている方がいますが、新幹線の座席は列車の進行方向に向いているので、ワゴン販売が進行方向（つまり前）から近づいてくるのならば、お客さまもそれに気づき足を引っ込めようとします。

ところがワゴン販売が逆方向（つまりお客さまの背後）からやってくると、それに気づかないこともあります。しかも、販売員の目からお客さまの足元はワゴンに隠れてしまい、死角となってしまいます。そして一度、私は後ろから近づいたときに、お客さまの足にワゴン

体力の負担は大きいが、さまざまな利点のあるバック販売。お客さまの顔もよりよく見えるようになった

をぶつけてしまい大変なお叱りをいただいたのです。

「もう、お客さまに痛い思いをさせたくない」

そう思ったことが、「バック販売」を考えつくきっかけでした。

もともと「バック販売」は、一番端、つまり先頭と最後尾の車両で折り返す際に、それぞれ一両だけで行っていました。先頭と最後尾の車両の行き止まりには、ワゴンを回転させるスペースがないからです。それぞれ一両だけで折り返すときにバック販売を行い、次の車両との連結部分で回転させる。そしてワゴンを前向きに押していくわけです。

しかし私は、「(進行方向と)逆方向に向かうときは普通に押して、最後尾の車両での折り返しから、七両すべてをこのバック販売にすればいいのではないか」と考えたのです。

この方法なら、自分が後方をよく確認して歩けば、お客さまの足にぶつかる心配はありません。万が一ぶつかってしまっても、硬いワゴンより私の足のほうが痛くないでしょう。

実はこの「バック販売」は、私以外、数人の後輩しか実践していません。ヒールのある靴を履いて、重いワゴンを後ろ向きで引きながら歩くことは、大変な体力とテクニックがいるからです。

とくに山形新幹線は在来線の線路を走っているため揺れが大きく、前向きでワゴンを進めていくだけでも、腕と足の力がかなり必要になります。それが「バック販売」となれば、なおさら大変なことです。

ところが、この方法を始めてから「ワゴンをお客さまの足にぶつけない」だけでなく、もう一つ良い点があることに気づきました。折り返し後、お客さまと対面でワゴンを進めていけるため、お客さまの「欲しい」を見逃すことがなくなったのです。

お客さまのなかには、「すみません」と声をかけることに躊躇する方もいます。

「どんなものがあるのかちょっと見たいだけなんだけど、声をかけたら悪いかな」

「だいぶ前のほうまでいってしまったから、わざわざここまで戻ってきてもらうのは悪いな」

こういったためらいから、声をかけていただけずに素通りしてしまっては販売のチャンスを逃してしまいます。お客さまにとって、販売員を止める「すみません」という言葉を口にするのは、想像以上に勇気がいることなのだと思います。しかし「バック販売」であれば、チラリとこちらを見たり、ちょっと手を挙げてくださるといった「合図」を見逃すことなく、販売することができるのです。

これを始めてから、車内から「すみません」という言葉が消えました。その方の視線がこちらを向けば、私も目で「すぐ行きます」「少々お待ちください」と合図するからです。こういったアイコンタクトをとることで、よりお客さまに安心感をもってご利用いただくことができるようになったのです。

また、一番奥の席の方が手を挙げてくださり、そこまで戻ってまたワゴンを進める……というようになると、一車両のなかを何度も往復することになります。そのため、商品がほかのお客さまの目に留まる機会も増え、より声をかけていただけるようになりました。

目と耳と口を同時に別々に使う

時間の効率化という観点から見ると、私は「目と耳と口を一緒に使うのはもったいない」と考えています。

口では「一〇〇〇円お預かりします」と、お客さまとお金のやり取りをしていても、目では窓の外をチェックして、耳で斜め後ろにいる方の会話を聞く……。こういったことを、私はよくやっています。お金のやり取りはもちろん大切ですが、それだけに集中していては、周りの状況を把握することができません。

新幹線の内外には、ワゴン販売に役立つさまざまな情報が溢《あふ》れており、この情報を上手に利用することで、より効率的に動くことができるようになります。そして、その情報を見逃さないためには、ただ販売にだけ集中するのではなく、五感をフルに活用する必要があるのです。

もちろん「口」は対面しているお客さまや、車内全体への案内に使うことがほとんどです。そこで、ここでは「目」と「耳」の利用方法について触れたいと思います。

五感でもっとも情報を多くキャッチできるのは、何といっても「目」でしょう。先ほど「目では窓の外をチェックしている」とお話ししましたが、窓の外にはワゴンの陳列の参考になるような、大切な情報があるのです。

まず車窓の景色を見ることで、現在位置の確認や予想が可能です。

「今、おおよそここのあたりを走っているな。じゃあ、次の駅まであと一〇分ぐらいだ。きっとたくさんお客さまが乗ってくるから、いまのうちに商品の補充をしておこう」

わざわざ時計を見なくとも、窓の外の情報からこのように考えることができるのです。

また新幹線が駅のホームに入っていく一瞬にも、多くの情報を得ることができます。新幹線に乗車するお客さまは、ホームで各車両の乗車位置で待っています。この、ホームに並んでいる人数や客層などを一瞬で把握するのです。

「一、二、三、四、五……今、自由席の停車位置に一〇人並んでいた。これで自由席はだいたい満席になったな。親子連れが多かったから、自由席の車両に行く前に冷たいジュースを補充しておこう」

このように新しく乗車する客層を把握することで、車内を回り客層を確認することをせずに、すぐにワゴンの陳列を変えることができます。つまり最初の販売から、お客さまの「欲しい物」に対応しやすくなるのです。

また、車内にも「目」だけで得られる情報がたくさんあります。

私がいつも気にして見ているのは、座席上の荷物を置く棚。出張や旅行など、お客さまの荷物を見ることで、どういった方なのかを予想することができます。そのうえで、「大きなボストンバッグを持っているから、きっと旅行のお客さまなのだろう。でも、お土産を持っていないな。こちらのお土産をおすすめしてみようか」などと考え、販売に活用するのです。

さらに、車内を広く把握するために役立っているのが、窓ガラス。ガラスには車内の様子が映っており、お客さまの動きや表情をよく見ることができます。

「あ、後ろからお客さまがきた。ワゴンをよけてあげないと」

「あそこのお客さま、今、一瞬ワゴンを見ていたな。何か買いたいものがあるのかな。あとで声をかけてみよう」

窓ガラスを鏡代わりに利用することで、車内三六〇度を把握することができ、こういったことに気づくようになります。

次に「耳」を使った情報収集ですが、これはもう「常にお客さまの声をとらえる」ことに尽きるでしょう。私に向かっての声はもちろん、「ああ、寒い」「お母さん、お腹減ったよ」「次が降りる駅だからね」といったひとり言やお客さま同士の会話にも、あらゆる情報が詰まっています。

「寒いといっていたから、温かいコーヒーはどうだろう」

「あのお客さまはもう次で降りるのか。最後にお土産をご案内してみよう」

このように販売の予想を立てるだけでなく、「お手洗いはどっちかな？」「このへんの紅葉はいつ頃なのかしら？」といった言葉から、お客さまとの会話のきっかけをつかむこともできます。

これら「目」と「耳」を使った情報収集は、もちろん目の前にいる方の接客をしながら行っていることです。それぞれで集めた情報を、常に頭で統合しながら売り方を変え、時間の効率化を図るなどしているのです。

こういった方法は、一見すると困難のように感じるかもしれませんが、慣れてしまえばそう難しいことではありません。最初は意識

何気ない車内の風景にも、たくさんの情報が隠れている

的に行っていても、そのうち自然に目と耳と口を別々に使えるようになります。

そして、「常に新しい情報をつかんで、時間短縮やサービス向上に利用しよう」という意識をもっていれば、おのずと身についていく技術ではないでしょうか。

サービス重視かスピード重視か

よく講演会などで、こう聞かれることがあります。

「茂木さんは一度の乗務で、ほかの販売員より多い六〜七回も新幹線を往復しているそうですね。でも、お客さまとこんな会話をした、こんなエピソードがあったということも話していました。それだけ何度も回っていては、お客さまとゆっくり会話する時間はもてないと思うのですが……」

確かに人の倍も往復しているのに、お客さまといろいろな会話をする時間はあるのかと、不思議に思われるかもしれません。販売とは関係のない話をしたり、ときにはお客さまと一緒に笑ったり泣いたりすることもあるのですから、「それでは時間の効率化とは矛盾するのではないか」と考える方がいるのも当然です。

しかし、私はもともと「もっとお客さまと話がしたい。一人でも多くのお客さまと出会って、もっとその方のことを知りたい。そして、少しでも良い思い出をもって帰ってもらいたい」という気持ちから、時間やスペースの効率化を考えるようになったのです。

無駄な時間をなくせば、それだけたくさんの時間をお客さまとのコミュニケーションに使える。スペースの無駄をなくせば、より的確に商品をご提供でき、相手に満足してもらえる……。そういった気持ちから、効率化を考えるようになったのです。それなのに、お客さまとのコミュニケーションやサービスをおざなりにしてしまっては、本来の目的からはずれてしまいます。

すべてを効率化してしまえば、行き着く先は自動販売機か販売ロボット。それでは、私たち人間がサービスをする意味がなくなってしまいます。私が心がけていることは、「何に時間をかけ、何の時間を短縮するか」、そのメリハリをしっかり作るということです。

ですから私は、「あ、ここはじっくりお話を聞いてみたいな」というシーンでは、効率化のことなど考えずに時間をとるようにしています。新しいお客さまとの出会いや、どの商品を買おうか迷っている方と一緒に悩むといったことに時間を使う。それが、売り上げアップにつながってくるということは、前章までにお話しした通りです。

この、スピードとコミュニケーションのバランスを上手にとるという重要性は、さまざまな販売業にもあてはまることでしょう。

たとえば喫茶店のカウンター内で仕事をしているとして。常連のお客さまとの会話が弾んでいても、新しいお客さまへの接客を怠《おこた》ってはなりません。コミュニケーションばかりを重視していては、お店は成り立たなくなってしまいます。

かといって、スピードばかりを重視して、お客さまと向き合う時間がまったくなければ、「味気ない店」「ほかと変わりがない店」となってしまう……。

こういったバランスを取るためには、会話を切り上げる、あるいは声をかける「タイミング」を上手に見計らうことが大切です。ワゴン販売をしていても、ある程度のところで「またきますね」と声をおかけして、そのお客さまから離れる。このとき、その方にとっても自分にとっても自然なタイミングで行うということが肝心なのです。

ときには、そこまで急いでいないのに、あえて少し早めに切り上げたり、何度も何度も通るたびに声をおかけする、といったテクニックを使う場合もあります。こうすることで、お客さまに「ちょっと物足りないな」と思わせ、もっと興味をもってもらったり、何度も声をおかけすることで、私のことをより深く印象づけることができます。

これまでお話ししたさまざまな効率化は、あくまでお客さまとの時間を大切にするための手段。本来の目的を忘れずに、上手にバランスを取りながら効率化することが重要なのです。

第五章　信頼の構築——常連客の作り方

常連かどうかを決めるのは誰？

販売や営業の仕事をしていると、お互いが顔見知りになる、いわゆる「常連さん」のお客さまができるようになります。自分の店や会社を頻繁《ひんぱん》に利用していただける常連さんはありがたいものですが、人によっては「なかなか常連さんができない」「常連さんと、どのようにつき合っていけば良いか分からない」などといった悩みをもつ方もいるでしょう。

私にも、新幹線のなかでお会いすると、必ずお声をかけてくださる常連さんがいます。こう聞くと、毎日たくさんの人と出会う新幹線の販売員という仕事で、常連のお客さまがいるということに驚かれる方もいるかもしれません。ですが、定期的に出張をされたり、単身赴任をされているビジネスマンを中心に、私のことを憶えていてくださる常連さんがたしかにいるのです。

なかには、私がこの仕事を始めた頃から、もう一〇年以上もなじみにしてくださっている方もいます。この章では、そういった常連のお客さまの作り方、つき合い方などについてお話ししましょう。

まず、皆さんの頭のなかで、「常連さん」とはどういった定義になるでしょうか？　五回、一〇回お会いしたら常連さん？　それとも、お客さまの顔や名前を憶えることができたら？　しかし私は、「お客さまが常連さんになったかどうかは、お客さまに決めていただくこと」だと思っています。

たとえ一〇〇回お会いしても、私がお客さまの顔や食べ物の好みなどを憶えても、お客さま自身が私のことを認識してくださらなければ、常連さんとは呼べはしません。

私のほうが「いつも乗ってくれているから常連さん」と思っていても、相手がその都度、「茂木久美子という販売員から商品を買っている」という意識がなければ、本当の常連さんではないのです。お客さまのほうが私のことを「あ、いつもの販売員さんだ」と憶えてくれて初めて、「私の常連さんになってくれたのかな？」と思うのです。

もちろん第一段階として、私のほうが一人ひとりのお客さまのことを認識し、顔やお名前、以前にお話ししたこと、商品の好みなどを憶える必要はあります。そしてそこから、いかにしてお客さまに、「ワゴン販売員の茂木久美子」を印象づけることができるかが重要になってくる。

反対に、たとえ一回しかお会いしていない方でも、お互いに深い印象をもち、常連さんといっても過言ではないほどの関係になることもあります。第三章でお話しした、息子さんを亡くされたお客さまのように、一度お会いして、再会が何年後になろうとも、「わあー！　お元気でしたか？」とお話しできる方もいるのです。

販売業に携わる人なら、「少しでも多く店にきてもらおう」という気持ち、営業マンならば、「競合他社より自分の会社を選んでもらおう」という気持ちが、常連さんに対してあることでしょう。ですが、そうしてもらうためには、まず相手に「私はこのお店（会社）の常連になっている」という気持ちをもってもらえるよう、努力をする必要があります。

お客さまに自分のことを印象づけるテクニックは、前章までにお話しした通りです。これらのテクニックを使いながらも、自分がまずお客さまに近づいていく気持ちがなければ、本当に心を通わせた常連さんにはなってもらえないのだと思います。

お客さまのことを記憶するコツ

前項で「まず自分がお客さまのことを憶えないといけない」と書きましたが、先方の顔や名前、以前にどういったやり取りをしたか……といったことがなかなか憶えられないという方もいるでしょう。

営業をしているビジネスマンなどの場合、名刺の交換後、すぐにその名刺の裏に、顔の特徴や、どういった話をしたかを書き留めておくといい、といったことを聞いたことがあります。

しかし、ただトランプゲームの神経衰弱のように、顔と名前、特徴などを記憶しようとしてもなかなか難しいもの。ですから自分自身がまず、そのお客さま本人に「興味をもつ」ことができなければ、憶えることは難しいのではないでしょうか。

　私の場合、コーヒーにはミルクと砂糖をつけるかつけないか、お酒はビール派かサワー派、もしくは日本酒派か、つまみはいつもこれ、といった常連さんの好みなどを、顔や名前と一緒に憶えるようにしています。

　ただ単に「このお客さまはコーヒーにミルクはいるけど砂糖はいらない」と憶えるのが難しいときは、「どうして砂糖はいらないんだろう？」と、お客さまに興味をもつことから始めるようにしています。その理由をいろいろと想像することで、より頭に入りやすくするのです。そして、自分のなかで想像して生まれた疑問は、直接聞いてみることもあります。

「甘いものがあまり好きではないのかな？　じゃあ、お酒が好きなのかしら」

　こういった想像から、お客さまとの会話の糸口を探ります。

「お客さま、甘いものはあまりお好きではないんですか？」

「いやあ、本当は大の甘党なんだけど、糖尿病にかかっていて、お砂糖は控えるように医者からいわれているんだよ」

　こういったお話をうかがうと、ただ顔と名前と好みを暗記するより、「本当は甘党だけど、糖尿だからお砂糖を控えている○○さんは、いつもコーヒーはミルクだけ」と憶えることができ、より、その方のことをイメージしやすくなります。さらに、「そっか、じゃあこれからは、甘いお菓子や糖分のあるビールはあまりすすめないほうがいいな」

というように、これからの接客についてもポイントを押さえることができます。

よく子供が勉強をするようになるには、まず、その学問に興味をもたせることが大切といいますが、常連のお客さまについても同じことがいえるでしょう。ただ相手のことを「データ」として記憶するのではなく、「どんなお客さまなんだろう」「こうするのはなぜなんだろう」「何が好きで何が嫌いなんだろう」といったことに興味をもつことが、お客さまを憶えるコツになるのです。

これはあくまで私自身の感覚ですが、こうして興味をもってお客さまのことを知るほうが、より頭の深いところに記憶が定着するような気がします。ですから再度お会いしたときにも、努力しなくても自然に記憶が蘇《よみがえ》ってくる。そして、そうすることで、

「お客さまはコーヒーにお砂糖なしですよね。だいぶお元気そうですけど、糖尿のほう、良くなられたんじゃないですか？」

と、少し気の利《き》いたお話をすることもできるようになります。二度目にお会いしたとき、こういったお話をサラッとすることで、お客さまは「この販売員さんは、自分のことを憶え

てくれていたんだ」と、少し嬉しい気持ちになるのではないでしょうか。

もし、「なかなかお客さまのことを憶えることができない」という方がいましたら、ぜひ「何でだろう？」という想像力を働かせてみることと、お客さまへ質問をぶつけてみることから始めてみてください。きっと、これまでよりも深い関係作りにつながっていくことだと思います。

「なじみ」の販売員になる技術

どんなビジネスにおいても、さらに広い範囲の人へ自分から売り込みに行き、「なじみ」にしていただくことは重要で、しかも大変なことに変わりはありません。そこでここでは、もし私が自動車のディーラーとして一般家庭に営業へ行くのならば、どのようにして「なじみ」になってもらおうとするかを考えてみたいと思います。

店頭販売では、少なくとも車に興味のあるお客さまがくるのに対し、訪問販売はまったく車を買う意思も興味もない人を相手にすることがほとんどでしょう。そのなかで、いかにして顔を憶えてもらい、心の壁を取り払ってもらえるか。そして、興味のあるお客さまに車を買ってもらうか……。

まず私は、初めて訪問した際にはこのように挨拶します。

「こんにちは。○○自動車の茂木久美子と申します。今回、こちらの地区の担当になりましたので、ご挨拶にだけうかがわせていただきました。これからどうぞよろしくお願いします。それではまたー」

このとき、最初からパンフレットを出して、「こういったラインナップがありまして」と説明することはいっさいしません。どこの誰かも分からないのに、いきなり「こちらがおすすめです」などと話しても、相手はまず聞く耳をもたないでしょう。ですから最初は名刺だけをお渡しして、「○○自動車の茂木久美子さんという人がきた」ということだけを認識してもらいます。

このように車のセールスにきたのに、パンフレットも渡さず挨拶だけで帰っていけば、「そういえば、あの子は全然車の紹介をしないで帰ったな」と、お客さまに何となく印象づけることができるかもしれません。

次に訪問するのは、最初の訪問から二〜三日後。このときは、「パンフレットをもってきたんですけど、お客さま、パンフレットいりますか?」と聞きます。

本来、セールスにうかがえばパンフレットは配ってなんぼ、そこからいかにトークを進めるかというところが勝負になるでしょう。しかし、パンフレット一部にも費用がかかっているもの。ただ渡してもすぐにゴミ箱行きでは、配り損になってしまいます。

そこでパンフレットにも商品価値をつけるために、あえて「いりますか」とおうかがいするのです。

このようにアプローチすれば、あまり車に興味がない、あるいはすでに車を持っているという方は、きっと「いえ、いりません」と答えるでしょう。それならば、すぐにパンフレットは引っ込めて、「それじゃあ、またきますねー。寒いから、風邪ひかないように気をつけてくださいね」などと少し世間話をして、すぐに退散します。

ただし、このときも名刺は渡すようにします。名刺は販売員の顔。いくら持っていてもらっても困ることはありません。名刺を渡せば、それだけお客さまに「茂木久美子」の名前を目にしていただける機会が増え、より名前を憶えていただきやすくなるでしょう。

そして三度目でやっと、パンフレットをもらってもらえるようお話しするのです。

「こんにちは！　お顔を見にきましたー。このあいだはパンフレットいらないって断られちゃったけど、今回はとっておきのパンフレットをもってきました」

こういうと、お客さまは「とっておきってなんだろう？」と興味をもってくださるようになります。ただのパンフレットでも、お客さまとの会話に工夫を加えることで、話の足がかりになるのです。これだけ時間をかけたやり取りは、お客さまとの「人対人」のつながりを得るために必要な手順だと思います。まずは先方に私に対しての警戒心を解いていただき、お客さまがパンフレットを開く気になるまで待つことが大切なのです。

そのためには、ただ顔を見せるというだけではなく、ちょっとした世間話や共通の話題などを話すことで、少しずつ相手の心に近づいていく必要があります。たとえば、玄関に盆栽が飾ってあれば、それを糸口にして「盆栽好きなんですか？　うちのお父さんも盆栽してんだー」とお話しする。

お客さまは「車を売りにきた人」といったイメージで私を見ていますが、このようにまったく違う話をすることで、少し気を許してくれるようになります。そして、「茂木さんの話なら、少し聞いてもいいかな」と思ってくださったところから初めて、車のセールスが始まるのだと思います。

ワゴン販売の仕事でも同じことがいえますが、「販売員から買う」のではなく、「茂木さんから買う」と思ってもらうところまでもっていかなければ、お客さまとより良い関係を築くことはできないでしょう。

常連のお客さまとは距離感が重要

長いつき合いの常連さんになると、心の距離感というものが大切になってきます。たとえば、「いつも利用していただいているのに、一歩踏み込んだお話がなかなかできない」という場合や、「あまり出しゃばりすぎて、トラブルにつながってしまった」といったことは、距離感を見誤ったことが原因といえます。

このように、お客さまとの距離感を誤ってしまうと、不快な思いや、サービスに対して今一つ物足りない思いをさせることになってしまいます。

私の仕事を振り返ってみると、お客さまはちょっとした会話のなかで、名前や、食べ物の好み、住んでいる場所、お仕事の内容、家族構成といったさまざまなことを教えてくださいます。また、私自身も自分の趣味や食べ物の好みなど、自分のことをお客さまにお話しすることがあります。

このようにお互いのことをよく知ると、ときとして「どこまで踏み込んでいいのか」というボーダーラインを間違えてしまうことがあります。そのため過去には、お客さまがご家族と真剣な話をしているところで声をかけてしまったり、踏み入ってほしくない話題を出してしまう……といった失敗をしてしまったこともありました。

そういったときには、「あ、今の一言は場の空気を読めてなかったな」と思い落ち込みますが、その反省を次に活かし、少しずつ適切な距離感をつかんでいくようにしてきました。

グッと踏み込んできてもらったほうが嬉しいという方もいらっしゃるでしょうし、あまりグイグイこられるのは苦手という方もいます。その見極めが、とても重要になってくるわけです。

こういった問題は、とくに営業の仕事をされている方に起こりやすいのではないでしょうか。土日に一緒にゴルフへ行く、あるいは長い時間話すことが多くなると、プライベートと仕事の境がなくなってしまい、立ち入った関係になってしまう……というパターンです。

プライベートと仕事の境目というのはもっとも難しい部分であり、少し立ち入る程度ですと、共通点や新しい話題からよりお客さまと近づくことができるようになります。しかし、あまり立ち入りすぎて、「この人とはもう友達のようなものだから、何でも分かっているし、多少ずうずうしいことをいっても大丈夫だろう」といった錯覚に陥ってしまうと、途端に問題が起こってしまいかねません。

私は、ビジネスをしている側とお客さまとの関係には、「絶対に入り込めない部分が必ずある」と考えています。ですから、どんなにお互いのことを知っていて、長いおつき合いをさせていただいていても、「ここまで」という線を自分で明確にもっていなければなりません。

また、これとは逆に、「いつもご利用いただいているのに、相手の心へもう一歩踏み込んで話ができない」という場合もあるでしょう。このようなときは、前項でお話ししたような「お客さまに興味をもって、疑問に思ったことは自分から聞いてみる」といったことが効果的だと思います。

要は、「いらっしゃいませ」「○○ください」「ありがとうございます」といった通常の会話以外に、「私語」をしてみる感覚です。私語もあまり多すぎてはいけませんが、ちょっと交わすことでお客さまとの間にある壁が消えて、親しみを覚えてもらうことができるのではないでしょうか。

このように、常連のお客さまとの距離感の取り方はなかなか難しいものです。「心地好い」と感じる距離感は人によってさまざま。剣道の「間合い」のように、常に距離を測りながら、ときにはグッと踏み込み、サッと離れてみたりといったテクニックを使えるようになれば、お客さまの心をつかむことができ常連客も増えるでしょう。

相手の「キーワード」を見つける

常連の方とのおつき合い全般にいえることですが、いくら親しくなったからといって、「お客さまのことをすべて知る」ことは不可能です。もしすべてを知ろうとすれば、それは仕事の範疇《はんちゅう》を越えてしまい自分自身の身がもたなくなってしまうでしょう。

では、どういったことを足がかりに、先方との関係を築いていけばいいのでしょうか。

私は、お客さまは皆一つの「キーワード」をもっていると考えています。ただ漫然と相手のことを知ろうとするより、そのキーワードをしっかりつかむことで、より的確にお客さまとの関係を築いていくことができるようになるのです。

キーワードは会話の端々やちょっとした行動などから、お客さま自身が教えてくれます。たとえば、いつもビールとイカのおつまみを買っていただける方がいたとします。その方は「私はイカのつまみが好きです」とは一言もいいませんが、「いつも買われるということは、きっと好きなのだろう」と想像し、そこから「イカのおつまみ」というキーワードをもらうのです。

そして、いつものように声をかけていただいたときに、

「お客さま、またイカですかー。たまには違うのもいいですよ。こちらのホヤのおつまみは、私の一押し商品です」

と、ちょっと一言つけ足すのです。お客さまには、「え？　何で僕がいつもイカのつまみを買っていることを知っているの？」といった驚きをもっていただくことができ、これをきっかけに会話が盛り上がることもあるでしょう。

ここから、第三章でお話しした「いつも見ていますよ」とアピールする接客術を使い、また会話の駆け引きで、相手とのコミュニケーションを図るといったステップアップも可能になります。

こういったキーワードは、お客さまのことをよく見ていれば、自然とつかめるものです。会話のなかでポロッともらすこともありますし、先ほどの例のように行動から分かることもあります。そのポイントを頭のなかにとどめておき、「今なら少しお話しできるかな」といったタイミングで、お客さまにぶつけてみるのです。

先ほどもお話ししましたが、お客さまのことをすべて知ろうとし、すべてを憶えようとしても、それは不可能なこと。それでは学校の試験勉強で、「憶えるポイントが分からないから、教科書をまるまる全部憶えてしまえ」という投げやりな考え方と同じようなものです。

これでは効率が悪いうえに、お客さまの本当に重要な部分を理解することができません。常連の方ならなおさら、お客さまがもっているキーワードを大切にしなければ、長いおつき合いを続けていくことはできないでしょう。

一人ひとりのお客さまをよく見て、その人のキーワードを見つけ出すということが、常連のお客さまとの関係を築くために大切なことなのです。

お客さまの「秘密」も共有する

常連さんへの心遣いには、ただ名前や好みの商品などを憶えるだけではなく、意外なものもあります。それは、たとえば「難しい（と思われる）恋愛をしているお客さまへの気遣い」。

「そんなこともあるの？」と思われる方もいるかもしれませんが、新幹線のなかではさまざまな恋愛模様を見ることもできるのです。

いつも夫婦でご利用いただく男性のお客さまが、時折、奥様とは違う女性と一緒にご乗車されることがあります。もちろん仕事といった雰囲気ではなく、女性のほうは二人で新幹線に乗って遠出することがよほど嬉しいのか、まるで少女のようにキラキラした顔をしている。きっと、普段は思うようにおつき合いできない恋人と、旅行へ行けることが嬉しくてしようがないのでしょう。

こういったときは、もちろん無粋なご挨拶はしないよう気をつけています。

「あれ、今日は奥様と一緒じゃないんですか？」

などといってしまっては、お客さまが楽しい気分になるはずがありません。こういった恋愛の良し悪しは別として、あくまでお客さまに気分良く、楽しく新幹線での時間を過ごしていただけるようにしたいと思っているのです。

もちろん、奥様と乗車された際は、このことについて口を滑らせないよう気をつけて接客をします。

また、ずっとつき合っていたカップルがどうやら別れてしまい、男性のほうが新しい恋人と乗車されたということもありました。こういったときに新しい彼女の前で、「いつもよくご利用いただいていて」などと過去の恋愛を匂わすようなことをいってしまえば、喧嘩の火種になりかねません。このようなとき、男性のほうも「前のことはいってくれるなよ」とヒヤヒヤした面持ちです。このようなときも、以前よくご利用いただいていたことは気づかれないようにしながらも、「凄く仲良さそうでうらやましいなあ。せっかくだから、たくさん楽しんできてね」と、気持ちを盛り上げるようなお話をするのです。そうすると、男性のほうは「あー、茂木さんありがとう」というようなホッとしたお顔をされます。

このように、お客さまの状況を素早く判断し上手に対応することで、常連の方はより私に信頼を置いてくれるようになるのだと思います。口裏を合わせるというといささか悪いいい方になってしまいますが、私が知っていることがお客さまにとって秘密になるのならば、そして、その方がそれをいってほしくないシチュエーションであれば、そこは賢く立ち回る必要が出てくるのです。

また常連さんではなくとも、カップルで乗車されているお客さまには、ご夫婦として接するようにしています。まだ結婚していないカップルでも、夫婦として見られると恥ずかしいながらも嬉しいもの。あえて「奥様は」「ご主人は」と声をおかけすると、とりわけ女性のお客さまは嬉しいような、照れくさいようなお顔をされることがあります。

このように、常連のお客さまへの気遣いやサービスは想像以上に多岐にわたります。そして、お客さまのことをより知っていくからこそ必要になるサービスは、とくに気をつけなければならないのです。

常連客に「買わせない」気遣いを

私は、お客さまが常連になればなるほど、いつも気をつけるようにしていることがあります。それは常連さんに、「茂木さんから買ってあげなければ」という気遣いをさせないということです。

いつも顔を合わせている方が、「今はとくに欲しいものはないのだけど、いつも買っているのに今日は買わないのは悪いなあ」などと思ってしまわないよう、普段から常連のお客さまには、「無理して買わなくていいから。何も買わないときでも声かけてけろなー」などというようにしています。

「何かを買わなければ」という気持ちがプレッシャーとなり、お財布事情などで買えないときに、気軽に声をかけてもらえなくなるのは悲しいもの。ましてや「買ってください」の無言のプレッシャーをかけて買っていただき、一時的に売り上げをあげたとしても、それを持続させることはできません。そのため、長いつき合いになればなるほど、「何も買わなくていいから」とお客さまに伝えるのです。

このようなことは後輩にも指導するようにしています。新人の教育で一緒に乗務していたとき、以前に買っていただいたお客さまを見つけて、ずっと立ち話をしている子がいました。「前も買ってもらえたから、こうして話していればまた買ってくれるかもしれない」という気持ちから、先方の都合も考えずに立ち止まっているのです。

これではお客さまも困り果ててしまいます。「買ってほしい」という過度な期待をもたれてしまっては、たとえそのときに買っていただけても、きっとそれ以後は販売員に対してプレッシャーを感じ、逃げ腰になってしまうでしょう。ですからその新人には、「買うか買わないかはお客さまが決めることだから、あまり買って買ってという態度でいてはダメだよ」と指導しました。

これは常連さんに限らず、すべてにおいていえることなのですが、「お客さまが本当に欲しいものを、私、茂木久美子から買いたいと思ってお声をかけてもらいたい」という気持ちをもって、私はワゴン販売をしています。「いつも買っているから」「ワゴンを止めたのに、商品だけ見て何も買わないのは悪い」といった気持ちから、本当に欲しくはないものを買っていただくのでは、お客さまの満足につながりません。

またお客さまのことを考えて、買おうとするのをやんわり止めることもあります。出張帰りのビジネスマンの場合、ホッとされた気分からビールを飲まれる方が多くいます。しかし「ちょっと飲みすぎじゃないかな」というお客さまから、「ビールもう一本」とお声をかけていただいたときには、「そんなに飲んで大丈夫？　あとはもう、家で飲んだほうがいいんじゃない？」ということも。

こういった気遣いをすれば、常連の方に「何も買わないけど、茂木さんに声をかけてもいいんだ」という気持ちになっていただけます。このように、肩肘張らずにおつき合いいただけることが、長く常連さんでいていただけるコツではないかと思うのです。

人様の財布を守り心配する

商品を買っていただく際、私が何よりも一番緊張するのは、お客さまが財布を開く瞬間です。それはこのときこそ、「あなたから買いますよ」という意思がもっとも明確に表れるからです。一五〇円のペットボトルのお茶であろうが、一〇〇〇円のお土産《みやげ》であろうが、金額は関係ありません。私が商品をおすすめして、お客さまが買う意思を見せる……その責任と緊張が、もっとも高まる瞬間なのです。

お客さまはそれぞれに立場が異なります。家族連れ、会社の経営者、お年寄りのグループ旅行、まだ働いていない学生さん。立場とともにそれぞれの経済事情も異なっており、そのお財布事情なりに買っていただけるということは、とてもありがたいことです。

しかし、ただ買ってもらえればいいのかというと、決してそういうわけではありません。どなたであっても、財布を開く瞬間に感じる責任と緊張のなかには、「私が、このお客さまのお財布を守らなければ」という気持ちもあるのです。

家族でもないのに、人様の「生活を守る」という気持ちになるのですから、これは少々変わった感情かもしれません。ですが、その人が、その人のお財布事情に合っていない買い物をされるようであれば、やはり「大丈夫だろうか」と心配になってしまうのです。

たとえば、一人のお客さまが一万円を持っていたとします。「今日はとても気分がいいから、たくさん買おう」といってくださっても、一万円すべてを使ってほしいとは思いません。前項の「買わせない」気遣いと共通する考え方ですが、この方の「このあと」を想像すると、さまざまなことが心配になってくるのです。

「このお客さまはこのあと、在来線に乗り換えて家に帰る。もちろんその交通費もかかるだろうし、途中で食事をして帰るかもしれない。でもお給料日はまだだいぶ先だろうし、一万円すべて使ってしまっては大変だろうなあ」

このようにお客さまの後々までの経済事情を考えれば、とても「じゃあ、たくさん買ってください」とはいえないでしょう。

不景気な昨今、家庭をもつお父さんやまだ働いていない学生さんなどは、とくにお財布事情は厳しくなっていることでしょう。もちろん、私のほうからお財布事情に深く立ち入って話をすることはありません。

ですが、このように一人ひとりのお客さまのお財布を慮《おもんぱか》ることで、お弁当をおすすめする際も、「値段が安めでボリュームがあるほうがいいかもしれない」といったことを考えながら、より満足していただけるような接客をすることができるのです。

「特別感」をどう演出するのか

ワゴン販売のライバル店には、駅構内にあるキヨスクや売店、レストラン、コンビニエンスストアなどがあります。さらに駅の外にもそういった店はたくさんあるのですが、それでも多くの方が、ワゴン販売で買うという選択をしてくださるのです。

では、ワゴン販売で売っている商品が特別な物なのかというと、決してそういうわけではありません。一部、限定商品などもありますが、お弁当やお菓子、飲み物などは外で売っているものと同じ物。さらに、ワゴン販売の価格は多少高めに設定してあるため、お客さまにとっては必ずしもお得な物ではない。

これでは、より安く買えるほかの店に勝ち目はないと思われる方もいるかもしれません。実際、新幹線に乗ってくるときには、すでにお弁当や飲み物を持っている方もたくさんいます。「安い」を第一に考えれば、それも致し方ないことでしょう。

しかし、それでもあえて「ワゴン販売の茂木さんから買いたい」といってくださり、常連になってくださるお客さまがいるのです。

それはなぜかと考えたとき、やはり第一章からお話ししてきた、「商品プラスアルファ」の特別感を喜んでいただけるからだと思います。

ちょっと楽しい一時を過ごすことや、面白いエピソードなどによって、新幹線での時間をより良いものにできる……。私たちワゴン販売の販売員にそれができるということは、これまでにお話しした通りです。そして常連のお客さまは、その部分を買ってくださっているのではないかと思うのです。

もちろん、こういった時間と空間をご提供するためには多くの努力が必要になります。きちんとした挨拶や商品説明、接客ができることはもちろん、お客さまが喜ぶような情報を集めておいたり、興味をもっていただけるような話題を勉強するのです。

私たちがこういったことをしていれば、常連さんは、「浮気」はすることはあっても、離れていくことはありません。たまにキヨスクでビールを買って乗車されるという「浮気」はあっても、それでワゴン販売を利用しなくなるということはないのです。

こういうとまるで、私とお客さまが恋人であるかのように感じるかもしれませんが、常連の方との間にある信頼は、それほど強いものだと私は感じています。

また、たとえ「浮気」をしても、そこからさらに、

「じゃあ、もう一本ビール飲んじゃおうかな」

という気持ちにまでもっていくことが、私たちのサービスでできるのではないかと思うのです。

「やっぱり茂木さんじゃないとダメだなあ」といっていただけるような特別感を、商品と一緒にサービスすることこそが、ワゴン販売らしさといえるのでしょう。

第六章　人材育成——人に学び人を育てる方法

悩んだときに頼りになるのは

何かを知りたい、自分の悩みの答えを得たいと思ったとき、人は本を読んだり人に相談したりします。そして、そこから自分なりの答えを導き出そうとします。

こういったとき、私の場合はとにかく、たくさんの人に聞いてみるようにしています。家族や友達、職場の上司や同僚……。こういった自分の周りにいる、年も職業もバラバラな人たちに話を聞くと、同じ質問にも多種多様な答えが返ってきて、「面白いなあ」と感じることがあるのです。

たとえば、

「どうしたらもっと売れるようになるかな」

といった質問も、人によって答えはさまざま。

後輩からは、「先輩！　この間、こうやったらたくさん売れたんですよ！」と販売のコツを教えてもらえることがありますし、所長からは、「久美子はお客さまに商品をすすめるのがとても上手。だから、もっと買ってもらいたかったら、もっと買ってあげたいと思われるような人になりなさい」と、心の支えになるような言葉をもらったことがあります。

また母親からは「こんなにがんばっているのに、それ以上、何をがんばるの」といわれたていました。
ことがありました。きっと、私の身体を気遣ってそういってくれたのでしょう。「私ががんばっているところを、ちゃんと見ていてくれたのだな」と、とても嬉しく思ったことを憶えています。

反対に父親からの意見には、同じ社会人目線からの厳しいものもあります。「仕事をさせてもらい、給料をもらう」ということのシビアさ、大変さは、定年まで勤め抜いた父だからこそ、よく分かっているのでしょう。

ほかにも友人からは、「久美子ちゃん、もっともっと攻撃的に売りにいっちゃえよ」などと、私が考えもしないような過激な意見が飛び出したり、講演会で知り合った経営者の方からは人生経験溢《あふ》れるアドバイスをいただいたりと、聞けば聞いただけ、たくさんの答えをもらうことができます。

このように一〇人に聞けば一〇の答えがあり、それらはどれもその人の人生や経験、考え方が反映されているのです。

また、その答えには、その人らしさが表れる……と考えると、どうしてそういった答えが出てくるのか、そこにも興味が出てきてしまいます。

「何で？　何でそう思うの？」

と、まるで子供か芸能リポーターのようにしつこく聞くこともあり、

「そこまで聞くから、お前はしつこいんだずー」
など と、所長に怒られてしまうことも。しかし、その「何で？」の部分には、その人をより深く知るヒントが隠されており、「もっとこの人のことが知りたい」と思うと、聞かずにはいられなくなってしまうのです。

このように、自分の悩みをいろいろな人に話すことで、たくさんの答えをもらうことができ、さらに相手のことをもっとよく知ることもできます。

また、私は家族や仲のいい人ばかりではなく、普段から「あまりソリが合わないな」と思っている人にも積極的に話を聞くようにしています。なぜならば、最初はそのように思っていても、よくよく話を聞いてみると、自分ととても似た考え方をする人であったり、最初のイメージは誤解だったということもあるからです。

また、印象が変わらなくても、「へえ、この人はこういった考え方をするのだな」と知ることになります。そしてソリが合わないなりに、相手のことをもっと深く理解することができるようになるのです。

周りの人へこのような相談話を打ち明けることに、戸惑《とまど》いがある方もいるかもしれません。そういったときには、「私の友達でこういう人がいてね……」と、たとえ話のように切り出すといいでしょう。

また、たとえ同じ人に質問しても、その答えはときにつれて変わってくるものです。二〇代の頃と四〇代の頃とでは、考え方も視点も変わっていて当然。そういう意味では、人からもらう答えは、そのとき、その人だからこそ出せる「生の声」なのだと思います。

こういった言葉は、ときとして本で読む文章より、深く心に残ることがあります。自分の心を開き、いろいろな人から積極的に話を聞くことは、自分の指針を見出す助けになるのではないでしょうか。

先人の言葉から得る知恵を大切に

「いろいろな人から言葉をもらう」というお話をしましたが、とくに五〇代以上の先輩やOB、OGの方たちからは、学ばせていただくことがたくさんあります。

若い人のなかには「上司はいつも話が長いけど、どうせ最新のビジネス事情やパソコンには弱いし、話していることも今の時代とは合ってないんだよな」と思っている人もいるかもしれません。しかし、会社を創《つく》り、歴史を残してきた先人たちの言葉には、現役で働く私たちにとって、とてもためになる話がたくさんあるのです。

私たち車内販売員の仕事も歴史は古く、まだ新幹線が開通していなかった昔から、多くの先輩たちが車内を回りサービスを提供してきました。食堂車の営業が始まったのは、何と明治三二年。その後、ビュッフェやワゴン販売など、さまざまな形態でのサービスが行われてきたのです。

今ほど列車の設備やシステムが進んでいなかった時代には、もっと列車が揺れるなかでの販売や、重い物を持ちながらの販売をすることもあったでしょう。そういった苦労をされてきた先輩たちの言葉には、会社案内の沿革には書かれていない、たくさんの会社の歴史が詰まっているのです。

今、一緒に働いている先輩方は、私の所属する会社「日本レストランエンタプライズ」が、まだ「日本食堂」だった頃からのベテランばかり。所長や運輸（ワゴン販売の商品などを運ぶ職員）のおじさんたちなど、まだまだ現役で働いています。

こういった先輩方からは、とても興味深い話をよく聞かせてもらいます。

かつては特急で何時間もかけて山形から東京まで行っていましたが、新幹線が開通し、時間もどんどん短縮されていきました。それに合わせて食堂車がなくなり、逆にワゴン販売の品目が増えるなど、車内でご提供するサービスも変わっていったそうです。

まだ、現在のように日帰りで山形—東京間を往復することなどできなかった時代、若者が列車で東京に出るということは、「故郷を旅立つ」というとても重い意味がありました。今のようにレストランや売店はなく、列車に乗るお客さまたちは皆、おにぎりやお弁当を家から持ってきていたそうです。そういった時代と今とでは、もちろん売れるものも客層もまったく違ったでしょう。

「こういう時代があって、それが今の私たちの仕事にもつながっているんだ」

そう想像すると、とても感慨《かんがい》深いものがあります。

このように、会社を創ったときの苦労、時代時代の変化に対応してきた知恵……。そういった先人たちの力強さは、私たちも決して忘れてはいけないことだと思います。そして、これらの歴史から、私たちが学べることはたくさんあるのです。

また今、私たちが働いている環境は、ＯＢ、ＯＧや先輩たちが作り上げてきたものであること。そして、私たちが働いてきた年月も、会社の歴史の一つになっていくのだということも忘れてはなりません。

普段、仕事をしているときは「先人たちの歴史を背負い、そして次の世代に渡していく」という感覚は、あまりもつことがないかもしれません。しかし、たまにはこういったことを意識することで、「会社の歴史を作っているのだ」という責任を実感できるのではないでしょうか。

ＯＢや先輩の言葉を、「昔のことだ」と切り捨ててしまうことは簡単です。しかし、もし機会がありましたら、この仕事、この会社は昔どうだったのか、どういった変化があったのか、先人の話を聞いてみてください。きっとそこには、現在のあなたの支えになる言葉があるはずです。

山本五十六的発想で指導すると

販売業や営業の仕事をしていても、役職がつき、後輩や部下をもつようになると、今度は「どうすれば上手に部下たちを動かせるか」に頭を悩ませるようになるものです。

私もJR東日本管内の販売員一三〇〇名のなかで、現在、三名しかいないチーフインストラクターという役職をいただいています。この役職は、通常のワゴン販売に加え、新人教育をはじめとする総合的な人材育成に取り組むという仕事を担《にな》っています。

しかし私は二五歳という最年少でこの役職についたため、最初はどのように教育すればいいのか、悩むこともありました。

いくら自分が精一杯働いて売り上げをあげても、ほかの人たちが動かなくては、店や会社は成り立ちません。店全体、会社全体を守り立てていくためには、しっかりと動ける後輩や部下を育てることが大切になってきます。

そこで私が試行錯誤しながら得てきた「後輩や部下を指導するポイント」について、少し触れてみたいと思います。

以前、山形のコミュニティ新聞からインタビューを受けたとき、人材育成についてこう話したことがありました。

「人材育成のコツは、まず手本を見せ、次にやらせてみて、褒《ほ》めること。そして目標を上げていくことです」

これが、私が後輩を教育するときの基本スタンスです。この話をすると、インタビュアーの方が、「山本五十六《やまもといそろく》と同じことをいっていますね」と教えてくださいました。

実はそれまで、私は山本五十六のことをたいして知らなかったのですが、このことから興味をもち、どういった人なのか少し調べてみました。

山本五十六は、太平洋戦争で日本を代表する提督《ていとく》として活躍した軍人で、優秀な指揮官とされる人物です。そして、彼の語録に次のような言葉がありました。

「やってみせ、いって聞かせて、させてみて、ほめてやらねば、人は動かじ」

この言葉は名言なので、皆さんもどこかで一度は聞いたことがあるかと思います。学生時代にあまり勉強をしてこなかった私は、山本五十六について調べてみるまで、この言葉を知りませんでした。

そのため、偶然とはいえ、自分がこんな大人物と同じことをいっていたことに驚きました。やはり、昔から「人材育成に大切なこと」の本質は変わることがなく同じなのだなと、あらためて感じる出来事でした。

叱る前にやるべきこととは

山本五十六のこの名言には、「一人ひとりにしっかり向き合い、相手を本当に理解しなければ、人は動かない」という意味が込められているのではないかと私は思います。

私自身、新人や後輩を指導するときは、まずは相手の言葉をじっくり聞きます。そしてそこから、相手の性格や仕事のパターンを理解し、さらに相手に合った教え方を模索《もさく》していくのです。

そして、もう一つ大切な要素、それは「褒める」ことです。

私は、後輩を指導するときも、必ず叱《しか》る前にその子の良い点を一つ口にするように心がけています。そして、どこが良かったのか、より詳しく伝えるようにしています。人は誰でも褒められれば嬉しいし、叱られると悲しくなるもの。ですから、仕事へのモチベーションを高くもってもらい、自主的に動くようになってもらうには、「褒める」という要素は不可欠なのです。

また販売員という仕事は、すでにお話しした通り「一人ひとりが店長」です。ですから、いつも相手に対して、「お願いします」という気持ちをもって教育するようにしています。

それぞれが新幹線に乗ってしまえば、そこから先は販売員のやる気次第。ただ上から目線で「これを売りなさい」と一方的にいうのではなく、敬意をもってお願いするという姿勢でなければ、後輩は前向きに、そして気分良く働くことはできないでしょう。

しかし、このように褒めてばかりいると、「それでは後輩や部下に甘く見られて、余計いうことを聞いてくれなくなってしまうのではないか」と懸念される方もいるかもしれません。厳しく高圧的にしていなければ、統率力を保てないという考えもあるでしょう。

それでも私は、上に立つ人間が後輩や部下を惹《ひ》きつける魅力をもっていれば、自然とついてきてくれるようになるのではないかと考えています。

私にも、「この人のために、もっと売り上げを伸ばしたい。がんばって仕事をしたい」と思える上司がいます。それは、私が所属する山形支店の山川和子《やまかわかずこ》所長です。山形支店は私が入社した年にできた支店で、私はこの支店に所属する販売員の第一期生でした。

私は山川所長に対して、「一緒に山形支店を作り上げてきた」という一体感と、「本当に辛いとき、大変なときに話を聞いてくれた。本音でぶつかってきてくれた」という信頼をもっています。だからこそ、「この人のためにがんばらなくては」という気持ちになるのです。

この気持ちは、ほかの販売員との「横のつながり」も強くしてくれます。

社内で、支店ごとに売り上げを競うイベントなどがあると、山形支店の販売員全員で、

「よし！　山川所長を男にしてやるぞー！」と気合を入れて取り組みます（もっとも、山川所長は女性なので、本人は「私は男じゃない！」と怒っていましたが……）。

ともあれ、このように所長の人間性があるからこそ、販売員が一体となることができるのです。

私にこういった「上に立つ人間の魅力」がどの程度身についているのか、まだ自信はありません。ですが、常に後輩たちと正面に向き合って接することを心がけ、魅力ある上司となれるよう、努力していかなければならないと思っています。

ちなみに、先ほどの山本五十六の言葉ですが、次のように続くそうです。

「話し合い、耳を傾け、承認し、任せてやらねば、人は育たず。やっている、姿を感謝で見守って、信頼せねば、人は実らず」

人の上に立ち、成長をうながす立場にあるべき人間の心構えが凝縮《ぎょうしゅく》されているような言葉だと思います。

後輩に隙を見せる理由

前項のように、後輩や上司と真に向き合うためには、自分ばかりでなく相手にもこちらを向いてもらうことが必要です。

私には「チーフインストラクター」という肩書がありますが、この肩書をあまり笠に着ていては、「偉い先輩」というイメージがつき、距離をもたれてしまいます。後輩たちにとって「偉い」ということは、その肩書からもう分かりきったこと。ですから、そこからいかに後輩たちに近づくかがポイントになってきます。

私がいつも心がけているのは、「隙を見せる」ということです。肩書がある、仕事では売り上げをあげている、年齢も自分より上……このような先輩を前にして、もし私が後輩たちと同じ立場であれば、近寄りがたいイメージをもってしまうでしょう。

ところが、そういう先輩なのに、ちょっと頼りない部分があったり、失敗したところも見せてしまうような人であれば、後輩も身近に感じてくれるようになるのではないでしょうか。

実際、一〇年以上この仕事をしていても、いまだに失敗をしてしまうことや、落ち込むことがあります。そういったときに、なるべくそのままの自分を出すように心がけています。そして、後輩が気楽に「先輩、大丈夫ですよ！」と声をかけてくれる自分でありたいと、常に思っているのです。

また後輩たちには、「困ったことや辛いことがあったら、いつでも話を聞くからね」と声をかけるようにしています。そして、「ちょっと様子が変だな」と感じた後輩には、自分から声をかけることも。加えて、後輩から、「この先輩なら、いつでもSOSを出せる。いざとなったら助けてくれる」と信頼してもらえるように、いつでも心を開いた状態でいることを心がけています。

このように、いつも後輩や部下の身近な存在でいることで、叱るときにも受け止められ方が変わってくるのだと思います。

それでも、やはり指導する立場から、厳しく叱らなければならないときもあります。そうなると普段は「接しやすい先輩」でいるぶん、余計に怖く感じるかもしれません。しかし、私のことを信じてくれていれば、後輩も「厳しく叱られているけど、私のことを思っていってくれてるんだな」と分かってくれるはずです。

また、対お客さまの場合にもいえることですが、部下や後輩に対しても、「上司として叱っている」のではなく、「茂木久美子という人間があなたを叱っている」という姿勢でいるようにしています。「自分の言葉」を尽くして接することで、相手にも気持ちを理解してもらえると思うからです。

こういったことは言葉でいうのは簡単ですが、実行するのはとても大変です。心から後輩を叱れば、私自身も辛くなってしまいますし、「どう伝えたら分かってもらえるだろうか」と考えることに、答えはないからです。

そして人と人として接する以上、葛藤《かっとう》はつきものです。もしかすると、「肩書」を前面に出し、上から目線で叱るほうが何倍も楽かもしれません。ですが、「肩書」に逃げず、その葛藤を受け止めていくことで、部下や後輩の「本当に身近な上司」「本当に頼りになる上司」になれるのだと思います。

第七章　前向きな姿勢——心をプラスにする習慣

「一人反省会」で復習する

私が毎日、仕事が終わったあとにしていることがあります。それは、食事をし、ビールを飲みながらの「一人反省会」。今日あった出来事を振り返り、自分がどのくらいがんばれたか、何がきちんとできていなかったかの復習です。

「今日、お客さまに声をかけていただいたとき、ちょっと冷たい感じの答え方になってしまったな」

「お客さまと話していたとき、あともう一言つけ加えれば、もっと面白がってくれたのではないか」

そういったことを一つひとつ振り返り、反省点から「じゃあ、明日はこうしてみよう」と考えるようにする。そして、どんなに努力していても、「今日は一〇〇パーセントやりきった、完璧にできた」という日はなく、反省することはいつもたくさん出てくるのです。

また、ときには大きな失敗をしてしまい、深く落ち込んでしまうことも。

以前、お客さまが乗車前に予約していたお弁当を、間違ってほかのお客さまに売ってしまったことがありました。このときは、そのお客さまから大変なお叱《しか》りをいただき、仕事のあとで息ができなくなるほど泣いたのです。

「せっかくお客さまが楽しみにしていたのに、お弁当をお届けすることができなかった。何度も何度も謝ったけど、最後まで許していただけなかった……」

このように気分が沈んだときは、その気持ちにドップリ浸り、とことん反省をします。一度してしまった失敗は、もう取り返すことができません。お客さまの気持ちを考えると、申し訳なさと自分のいたらなさから、どうしても涙が出てきてしまう……。

しかしそのあとに、自分自身にこう問いかけるのです。

「マニュアルではなく、ちゃんと自分の言葉で、心から謝ることができただろうか？　失敗はしてしまったけど、そのあと、自分の力を最大限発揮できただろうか？」

そして、あらためて自分を振り返り、

「うん、きちんと謝ることができた」

そう答えを出した瞬間、「今日もいい仕事ができた！」と気持ちを切り替えることができるのです。そして、そこから「失敗をしたけど、それを繰り返さないために、どうしていけばいいだろうか」と考えるようにしています。もちろん、自分の力を出しきり、「やりきった」と思うことができなければ、このように気持ちを切り替えることはできません。

また、どんな人でも働いていれば、「今日はあまりやる気の出ない一日だった」「今日はあまり心を込めて接客できなかったな」という日もあるでしょう。そして私の場合、力を出し切ることができず、反省することの多かった日には、家族や友達、会社の上司の前で思いっきり泣くことにしています（「泣いてしまう」といったほうが、正しいのかもしれませんが）。

しかし、「思いっきり落ち込む」↓「しっかりできたか、自分に問いかける」↓「その答えを出す」という流れがあって、初めて「では、明日からどうしようか」と考えることができるのです。何となく「今日はダメだったな」と思うだけでは、明日への教訓は生まれてきません。

どこがダメだったのか、それに対し自分は何をしたのか……。そういったことをしっかり「復習」することで、明日への「予習」に入ることができるのです。

また、「復習」は悪かった点の反省だけで終わりではありません。その日あった楽しかったこと、印象的なお客さまのことなども思い返します。

お客さまと話したことや、売り上げが良くて所長に褒《ほ》められたことなどを思い出していると、つくづく「あー、この仕事をしていて良かった。今日も本当に楽しかったな」と実感できます。

楽しさや喜び、良い思い出は、仕事をするうえでの活力となります。仕事で感じた、そういった気持ちをあらためて意識することで、より、やりがいをもてるようになるのではないでしょうか。

私にとって、ビールを飲みながらする「一人反省会」は至福《しふく》のとき。落ち込むことも嬉しかったことも、すべて自分のなかに吸収する時間は、とても楽しいものです。

そして何よりも大切なことは、どんなに落ち込むことがあってたくさん泣いても、最後には必ず「今日もよくがんばった。いい仕事をした！」と思うようにすること。たとえ自分であっても、叱ったあとはしっかり褒めてあげなくては、前向きに仕事に取り組むことはできないのです。

「復習」から生まれた新発想

前項のように、毎日行っている「一人反省会」ですが、その反省から新たなテクニックが生まれることがあります。第四章でご紹介した「バック販売」や「お釣りポケット」などのテクニックも、お客さまに迷惑をかける失敗をしてしまい、「一人反省会」で考えたことから生まれたのです。

一人で反省会をして、「今日もがんばった」という気持ちだけで終わってしまっていては、仕事の面でステップアップしていくことができません。お叱りを受けたこと、自分でうまくできないと感じたことを思い返し、「では、次からどうしたらいいだろうか」と、改善策を練ることこそが大切でしょう。

何か失敗したときに、「もうお叱りの言葉をもらいたくない。もう同じことをしてお客さまに迷惑はかけたくない」と考える。あるいは思い通りの販売ができなかったときに、「今日、あそこにいたお客さまに声をおかけしようと思っていたのに、忙しくてできなかった。もっとたくさんのお客さまに声をおかけできるようになりたい」と考えることから、新しいテクニックは生まれます。

「もう、こうしたくない」「もっとこうなりたい」という強い気持ちがあって初めて、新しいテクニックを考えることができる。反省や向上心がないなかで、状況をさらに良くするテクニックを考えようとしても、目新しいものが生まれてくるはずもありません。「何となく」今日が終わってしまえば、明日も「何となく」過ぎてしまうばかり。「変えたい」という強い気持ちこそが、新しいテクニックを生み出す原動力となっていくのです。

もちろん、「バック販売」も「お釣りポケット」も、すぐに思いついたわけではありません。何度も考え、試行錯誤し、失敗しながら身につけていったものです。

「今日もダメだった。じゃあ明日はやり方を変えて、こうやってみよう」というように、毎日の『一人反省会』で「次なる挑戦」を考え続けることにより、こういったオリジナルのテクニックが生まれたのです。

このように失敗や経験から、より良いテクニックを考え出していくということは、一般的に仕事の一環で行うことが多いのではないでしょうか。販売業や営業の仕事などでも、売り上げやお客さまの声、クレームなどから、改善点や新商品のアイディアを模索《もさく》するということは、必ずやるものだと思います。

しかし、こういったことは個人レベルでも行うことができますし、次へつなげていくことも可能です。「会社の会議で提出しないといけないから」と改善点を受動的に考えるよりも、鮮明な記憶がある、その日のうちに自主的に「復習」するほうが、より具体的な発想が生まれてくるのではないでしょうか。

反省のなかには、必ず「もっと良くするヒント」が隠されています。ですから、自分自身の能力をアップさせるためにも、寝る前の少しの時間、「今日を振り返る」という作業をすることをぜひおすすめします。

「明日の自分」を想像してみる

毎晩、その日の「復習」をして、そこから「どうしていこうか」と予習するとお話ししましたが、さらに私は、寝る前に「明日、自分はどのように仕事をしているか」を想像するようにしています。これは、スポーツ選手が試合に臨《のぞ》む際に、自分がどのようにプレーをするのか、どのような状況でどう対応するのかなどを具体的に想像する、「イメージトレーニング」に近いことかもしれません。

それは、明日の天気や気温、外の景色などのイメージから始まり、どういったお客さまがどれぐらい乗車されるかも、シミュレーションするというものです。

「さっきの天気予報で、明日は晴れるけど寒いっていっていたな。受験シーズンだから、山形から東京へ向かう新幹線には、受験生が多いかもしれない。平日だし、折り返しの乗務はお昼過ぎの時間帯だから、お客さまは少なめだろうな」

こういった想像から、明日積み込む商品の予想を立て、自分の新幹線のなかでの動きを考えたりするのです。

さらにもっと具体的に、何時何分頃には自分は何号車にいて、こういったことをしている……というようなこともイメージします。

「郡山《こおりやま》駅に着く頃には五往復目の折り返しで、一四号車にいるだろう。大宮《おおみや》に着く前にはワゴン販売を終えておいて、手持ちでラスクを売りに回ろう」

このように、具体的に「明日の自分」を想像すると、「どのようなお客さまにどういったサービスをしたいか」「どれぐらいのペースで回りたいか」「何を一番売りたいか」などを明確にすることができます。

これは、目標というよりは、イメージトレーニングに近いことなので、あまり気負ってやるものではありません。ですが、明日やることを明確に想像することで、乗務前の商品選びや、新幹線に乗ってからの動きにあまり迷いがなくなる、といった良い点があります。

また、「明日はどんなお客さまに出会えるのだろう。どんな話ができるかな」と考えることで、より明日が楽しみになるという利点もあります。

このように、「明日の自分」を想像してみることで、考えや気持ちを明日へと切り替えることができます。一日の終わりに、自分の意識をしっかり「明日へ向ける」ために、こういった作業が必要になってくるのです。

感情を表に出すことの効能

先ほど、とても落ち込むことがあると、家族や友達の前で泣いてしまうことがあるとお話ししましたが、泣いたり笑ったりといった感情をストレートに出すことは、とても重要なのではないかと思っています。

私の場合、すでに触れたように、自分の失敗から落ち込んでしまうと、息もできなくなるほど泣いてしまいます。また、悲しいときだけでなく、嬉しいことがあると嬉し泣きをし、ちょっとした思い出などでも泣いてしまうことがあります。

「ああ、今日○号車におじいちゃんとおばあちゃんが座っていたな。全然声をかけられなくて、結局最後まで話をしなかったけど、無事に家まで着いただろうか。またいつか、あのおじいちゃんとおばあちゃんに会うことができるかな」

こういった何でもないことでも、ビールを飲みながら思い出しているうちに、じんわりと涙が出てくるのです。そして、お客さま一人ひとりとの出会いにドラマがあり、その人のことを思い出していると、悲しいことでも楽しいことでも、感情が大きく湧き上がってくる……。

また、お客さまとした楽しい話などは、「今日こんなお客さまがいてね。凄く楽しかったんだ！　いろんな話を私にしてくれてね……」と、上司や家族に何時間も話してしまうことも。

これだけ笑ったり泣いたりといった感情を出していると、友達からは「そんなに感情が激しく変わって、久美子は疲れないの？」といわれます。確かに自分でも、「私は涙もろいし、よく感情が変わるほうだな」とは思います。

ですが、こうやって自分の感情をそのまま出し、家族や友達に話を聞いてもらうことで、常に自分の心がリフレッシュされるような気がするのです。

仕事をバリバリしている三〇代から五〇代の男性は、家族の前で泣いたり喜んだり、また、その日仕事であった出来事を話すということを、あまりしないのではないでしょうか。思い返せば、私の父も家で仕事の話をしていたという記憶があまりありません。「男は黙って……」の時代を生きてきた人ですし、日本というお国柄か、男があまり感情を出しては格好悪いという一般認識もあるのでしょう。

また、仕事をする女性のなかにも、「弱みは見せたくない」という考えから、気持ちを押し殺してしまっている人も多いのではないでしょうか。ただでさえ大人になると、子供のときのようにストレートに感情を出す機会は、少なくなってきます。

しかし、泣くことはもちろん、とりわけ辛い気持ちをすべて自分の心のなかにしまっていては、その重みで心が壊れてしまいかねません。笑う、泣く、怒る、喜ぶといった喜怒哀楽の感情は、人間が本来もっているもの。いつも「心の新陳代謝《しんちんたいしゃ》」を良くして、感情を豊かにしておくことで、仕事のときにも、お客さまへ本当に心を込めた接客ができるようになるのではないかと私は思うのです。

また、思いっきり笑ったり泣いたりすると、心がスッキリするという効能もあります。現状を変える第一段階として、泣いてスッキリしてから気持ちを切り替える、というのは有効な手段でしょう。

そして、何も泣くばかりではありませんが、私自身、頭も身体も精神的にもすべてを出し切って、最高潮に疲れた状態で布団に入ると、とても気持ち良く寝つくことができます。そうすると翌朝には、またスッキリした気持ちになる。頭や身体ばかりでなく、心も思いっきり使い切るというのは、快眠のコツの一つでしょう。

なかには、毎日家に帰ると愚痴《ぐち》や人の悪口ばかり口にしてしまう……という方もいるかもしれません。しかし、それでは話を聞いているほうが、うんざりするというもの。たまには愚痴もいいですが、やはり、仕事をしていて楽しかったことや印象に残ったことを話すほうが、聞いている側も楽しくなります。

最初は、泣いたり笑ったりといったことを、大っぴらにすることに抵抗を感じるかもしれません。そういった場合、家族や友達に「今日あったこと」を少しでも話してみることから、始めてみると良いでしょう。

そうすれば、周りの人たちも、「この人はこんな仕事をしているのだな。楽しいことも辛いこともあって、それでも一生懸命やっているんだ」と、よりあなたのことを理解してくれるに違いありません。

毎日の「ライブ感」を大切に

ところで、観客の前で生の演技を見せる舞台役者は、作品の意図や観客の反応、自分のモチベーションなどから、公演ごとに演技を変えると聞いたことがあります。それを聞いたときに、「自分をどう見せるか、お客さまにどんなことをしてあげられるかを考えながら、その日の行動を変えていく」という意味では、ワゴンの販売員という仕事は、舞台役者と共通するものがあるなと思ったのです。

また以前、映画やテレビで活躍する俳優の方が、「演技には何通りもの見せ方があって、練習や本番に関係なく、演じるたびに演技の仕方を変えている」といったことを話しているのを、テレビで見たことがあります。まさに、状況や相手の反応によって、瞬時に次の一手を変えるという点では、私の仕事ととてもよく似ています。

毎日、新幹線に乗ってワゴンで往復する……その点だけ見ると、仕事自体は単純作業に見えるかもしれません。ですが、出会うお客さまは毎日違いますし、どう売るか、どんな話をするかは、その日によってまったく変わってくるものなのです。

「今日は面白い話をして、お客さまはたくさん笑ってくれた！」

「ワゴン販売のあとに、ホヤだけ持って回ったけど、お客さまの反応が良かったな」

「あのときの一言は、ちょっと場の空気を読めてなかったかな」

といったことを思い返し、また次の日には違うアクションをしてみる。それは観客の反応をダイレクトに受けて、セリフの間を変えてみたり、演じ方を変えてみるといった舞台俳優とよく似ています。

こういった気持ちから、数年前に受けた雑誌の取材で「私は舞台女優のようなもの」というコメントをしたことがありました。これは、「いつもライブ感を大切にしたい」という気持ちからの言葉でした。もっとも言葉が足りないせいで、「お客さまの前ではいつも演技をしている」といった意味に取られてしまいましたが……。

いずれにしても、その場の空気を感じて動くという「ライブ感」は、自分を演じる（つまり、自分自身をある意味で偽る）ということとまったく違います。新幹線という舞台の主役は、あくまで乗車されているお客さまたち。その舞台で少しでも主役が輝くよう、アドリブを入れたり盛り上げたりすることが私の役目なのです。

そういう意味では、私は助演女優といってもいいかもしれません。ですが、お客さまが新幹線を降りたあと、「今日の販売員さんは面白い人だったなあ」「あの茂木さんという販売員はどんな人なのだろう」などと思ってくだされば、お客さまの心のなかで私が主役になることもできるのです。

ともあれ、私にとって新幹線は舞台。そこで感じること、お客さまの反応、どう動くか、何を話すかということは、その場の雰囲気を敏感につかみながら変えるようにしています。

そして、いつのときでも「今日はどう変えようか」「どういったことでお客さまを喜ばせようか」という「ライブ感」を大切にしていきたいと思っています。

お客さまを「動き」で憶える

以前、テレビのニュース番組に出演した際に、「お客さまの顔をどれほど憶えているか」という実験をしたことがあります。ワゴン販売で数回回ったあと、一人のお客さまの写真を見せられて、何号車のどのあたりの座席にいたかを答えるのです。

このときの乗車率は、自由席も指定席もほぼ満席。販売中にはたくさんのお客さまからお声をかけていただきましたが、見せられた写真の方は、ワゴン販売を一度もご利用いただいていない方でした。しかし、私はそのお客さまがどこにいらしたか、すぐに思い出すことができました。

こういった、すべてのお客さまの顔を憶えているということを話すと、よく驚かれることがあります。学生時代には暗記することは苦手だったので、なぜ自分がここまでお客さまの顔を憶えられるのか、自分自身よく分かりませんでした。

その後、このテレビ番組を見たある大学の研究チームの方から連絡をいただき、何度か話をさせていただきました。

人間の記憶力についての研究をされているようで、「思い出すときは、色は白黒ですか、カラーですか？」などといった質問を受けたのです。まるで研究に参加させていただいたようで面白い体験でしたが、「やはり、お客さまの顔をすべて憶えているというのは、珍しいことなのだな」と思ったことを憶えています。

実際、私は商品をお買い上げくださった方や、お声をかけてくださったお客さま以外にも、まったく接点のなかった方の顔もよく憶えています。また、三〜四年前に乗車したお客さまのことなども、比較的鮮明に記憶に残っています。

第三章で紹介した、息子さんを亡くされた男性のお客さまについても、お会いしたのは数年前の一度きり。いろいろなお話をしていただいて強く思い出に残っていたとはいえ、何年もたってから新幹線で再びお会いして、お顔を見た瞬間にどなたか分かったということに自分でも驚きました。

もしかすると私は多少、人よりは記憶力が良いのかもしれません。もっとも、学生時代にその能力がなかなか発揮されず、テストでいい点が取れなかったことは残念ですが……。

しかし何よりも、今の仕事だからこそ、こういった力が出るのではないかとも思います。つまり、「仕事が面白い。もっとお客さまと出会って、いろいろな話を聞きたい」という強い気持ち、お客さまへの強い関心があるからこそ、記憶力がアップするのではないかと思うのです。

また、お客さまのことを憶えるとき、顔や服装などではなく、「何をされていたか」で憶えるようにしています。

「一度目に回ってきたときは本を読んでいたけど、二度目のときはコーヒーを飲んでいた」というように、何度も何度もお客さまの前を通るうちに、そのお客さまが何をしていたか、その行動を憶えていくのです。

しかしおそらく、何の関心もない人の顔が並んだ写真をただ憶えろといわれても、たいして憶えることができないでしょう。

「あのお客さまはパソコンを一生懸命見ていたけど、忙しい方なのかな？」

「先ほどの家族、両親といった男性と女性は息子さんと娘さんかしら。それともどちらかがお子さんで、相手が旦那さんか奥さんなのかな」

このようにお客さまに関心をもち、どういった人なのかを想像しながら回っているため、たくさんの方のことを、憶えることができるのではないかと思います。

接客業をしているのならば、よくきてくださるお客さまの顔を憶えるに越したことはないでしょう。しかし、「顔は憶えているけれど、どんな人かなかなか憶えられない」という方も多いことだと思います。

そういうときは、顔や名前を憶えるのではなく、そのお客さまがどのようなことをしていたか、どんな話をしたかといったことをポイントとして、憶えておくといいかもしれません。

言葉で自分に魔法をかけよう

言葉はコミュニケーションの道具であるだけではなく、とても強い力をもっているものだと思います。そして人は、言葉によって考え方や気持ちが変化したり、切り替えられるものです。第二章でもいろいろとご紹介しましたが、ちょっと言葉遣いや語尾を変えるだけで、お客さまの反応はまったく変わってくるものなのです。

私は、こういった「言葉の力」を自分自身にも使うことがよくあります。

たとえば、上司から「これをやってほしい」と仕事を依頼されたとき。その依頼が自分にとっては「ちょっと厳しいな。上手くやる自信がない」と思った場合でも、「あまり自信がありません」「無理だと思います」と、気持ちをそのまま言葉に出してしまえば、言葉は現実のものになりかねません。

そして、自分が口にした言葉で自分に暗示をかけてしまい、余計に「自分にできるわけがない」と思い込んでしまうのではないでしょうか。

こういった際、私はたとえ心のなかで「ちょっと難しい」と思っても、言葉では「絶対がんばります」と前向きに答えるようにしています。

もし、その仕事が本当に自分では手に負えないようであれば、口にした言葉は、無責任なものになってしまいます。しかし「ちょっと難しい」というぐらいの気持ちであれば、その「ちょっと」の部分で自分のハードルを上げることによって、もっと自分を高めることができると思うからです。

不思議なもので、言葉に出して「がんばります」といってしまうと、心のなかでも「こういってしまったからには、本当にがんばらないといけない」と気合が入ります。

また、「がんばります」という自分の言葉を信用してくれた、上司をがっかりさせたくないという気持ちも生まれます。このように、言葉で自分に魔法をかけることにより、仕事に対して責任感をもつことができるようになるのです。

こういった言葉の魔法は、気持ちを込めていうことで、より効果がアップするのではないでしょうか。「できるかどうか分かりませんが、がんばってみます」というよりは、「絶対にこの仕事をやりたいので、一生懸命がんばります！」といったほうが、責任感もやる気も強くなるに違いありません。

また、仕事でのやる気以外にも、言葉の魔法はいろいろな場面で使うことができます。寝る前に「明日も楽しく仕事をしよう」と声に出してみたり、講演会前の緊張した場面では、

「皆、楽しんで聞いてくれる、大丈夫」と自分にいい聞かせたり。

こういったことは、古来いわれてきた「言霊《ことだま》」の考え方に近いのかもしれません。日本では昔から「言葉には言霊が宿る」といわれてきました。声に出す言葉が力をもち、実際の現象に影響を与えるという考えです。

科学の時代にあっても、これを実証するのは難しいでしょう。しかし私は、少なくとも言葉には自分自身の気持ちを変える力はある——。これまでの経験から、そのように思っているのです。

普段、何気なく発している言葉に、実は仕事に対するやる気や自信が、そして結果までが影響されている。どうか皆さんも、自分の言葉に少し意識を傾け、前向きになれるような言葉を自分にプレゼントしてみてください。そして、これまで以上のビジネスの成功に結び付けてください。

おわりに――今にしがみつかないで

今でも私は、毎日のように新幹線に乗務しています。「はじめに」などで触れたような講演会は、休日や有休を取った日に受けさせていただいていますが、それでも新幹線に乗れる日が楽しみでしょうがないのです。

このような「仕事が楽しい」という気持ちは、初めて新幹線に乗車しワゴン販売をした日からまったく変わっていません。ですが、前著『買わねぐていいんだ。』を出してから、私のなかで変わっていったこともありました。

まず一つ目は、お客さまの私を見る目が変わったということです。お客さまのなかには、私のことを本やテレビで知り、「一度、茂木さんから買ってみたかったんだ」といってくださる方もいます。顔を広く知られるようになったぶん、それだけ車内での注目度も上がったように感じます。

「どんな接客をするのかな？」

「どうやって声をかけているのかな?」

こういったお客さまの期待は、私にとっていい意味でプレッシャーとなり、あらためて「いつも自分らしい接客をきちんとやらなければ」と襟《えり》を正す気持ちが強くなりました。

また、本を出したから、テレビに出たからというわけではないと思いますが、お客さまが求めるサービスのレベルが高くなっていると感じることもあります。そして私自身、それに応えていきたいと思っています。

そして二つ目は、「私自身、もっともっと成長していかなくてはダメなんだ」という気持ちが強くなったことです。

現在、講演会などで私の販売術やサービスの考え方をお話しさせていただいていますが、それはあくまで私自身の経験に基づいた考え方です。もちろん、こういったお話が、参加してくださる方たちに少しでも参考になれば、という気持ちではいます。

ですが、「私自身がもっといろいろな経験をして、そこから学んで成長していかなければ、私の技術やサービスの考え方も止まったままになってしまう」。そう考えるようになってきたのです。

「もっと経験して、もっと学んで、そして得たものをもっと広い業種・職種の方たちに伝えたい」

そういった思いが強くなりました。

また、いつまでもただ、それまでの自分の経験を語っているだけでは、しだいに話に説得力がなくなってしまいます。もちろん、私が積み重ねてきた経験や考えは変わるわけではありません。ですが、そこにさらに積み重ねていかなければ、「いつも同じことをいっている人」になってしまいます。

そして、過去の成功にしがみつくのではなく、これからもチャレンジをしていかなければ、ビジネスパーソンとしても、一人の人間としても、説得力や魅力はなくなってしまいます。ですから、自分が成長していくために、いろいろな業種・職種の人と出会い、私自身も経験していきたいと思うのです。

ワゴン販売員の仕事をずっと続けながらも、少しずつでも違う仕事を体験してみる。そしてたくさんの人と出会って、参考になることを吸収していきたい……。これまでに私の講演を聞いてくださった方たち、また、仕事の場で出会った方たちが、「あ、茂木さんは前より成長しているな」と感じてくださるよう、努力していきたいと思います。

最後になりましたが、この本を手に取ってくださった読者の皆さんに感謝の気持ちを贈りたいと思います。皆さんにとって、この本が少しでもビジネスの参考になることを願ってやみません。

加えて、少し疲れたときや、失敗して落ち込んだとき、この本を読み返して前向きな気持ちを感じていただければ、これほど嬉しいことはありません。

二〇一一年四月

茂木久美子《もきくみこ》

写真提供——大関敦、茂木久美子